- 阿里巴巴集团的使命：让天下没有难做的生意
- “梦想还是要有的，万一实现了呢？”马云的这句名言，影响了成千上万有梦想的年轻人
- 马云在一次演讲中曾说，是这些草根创业者把阿里巴巴抬进了纽交所，阿里巴巴今天的每1分钱市值，依靠的就是这些有梦想的平凡人

# 阿里巴巴，让梦想成为现实

## 马云到底靠的啥

刘 俊 编著

SPM
南方出版传媒
广东经济出版社
·广州·

图书在版编目（CIP）数据

阿里巴巴，让梦想成为现实：马云到底靠的啥/ 刘俊编著. —广州：广东经济出版社，2016.8
ISBN 978 - 7 - 5454 - 4650 - 0

Ⅰ.①阿… Ⅱ.①刘… Ⅲ.①电子商务 - 商务企业管理 - 经验 - 中国Ⅳ.①F724.6

中国版本图书馆 CIP 数据核字（2016）第 155368 号

出 版 人：姚丹林
责任编辑：李惠玉
责任技编：余志军
封面设计：李康道

| | |
|---|---|
| 出版发行 | 广东经济出版社（广州市环市东路水荫路 11 号 11 ~ 12 楼） |
| 经销 | 全国新华书店 |
| 印刷 | 中山市国彩印刷有限公司（中山市坦洲镇彩虹路 3 号） |
| 开本 | 730 毫米 ×1020 毫米 1/16 |
| 印张 | 13.75 |
| 字数 | 221 000 字 |
| 版次 | 2016 年 8 月第 1 版 |
| 印次 | 2016 年 8 月第 1 次 |
| 印数 | 1 ~ 5 000 册 |
| 书号 | ISBN 978 - 7 - 5454 - 4650 - 0 |
| 定价 | 36.00 元 |

如发现印装质量问题，影响阅读，请与承印厂联系调换。
发行部地址：广州市环市东路水荫路 11 号 11 楼
电话：（020）38306055 37601950 邮政编码：510075
邮购地址：广州市环市东路水荫路 11 号 11 楼
电话：（020）37601950 营销网址：**http://www.gebook.com**
广东经济出版社新浪官方微博：**http://e.weibo.com/gebook**
广东经济出版社常年法律顾问：何剑桥律师

# PREFACE | 前言

阿里巴巴集团的使命：让天下没有难做的生意。阿里巴巴经营多个领先的网上及移动平台，业务覆盖零售和批发贸易及云计算等，他们向消费者、商家及其他参与者提供技术和服务，让大家在阿里巴巴的生态系统里进行商贸活动。

阿里巴巴旨在构建未来的商务生态系统，愿景是让客户相会、工作和生活在阿里巴巴，希望成为员工幸福指数最高的企业，并成为一家“活102年”的企业，横跨三个世纪。

阿里巴巴集团以曾担任英语教师的马云为首的18人，于1999年在中国杭州创立。从一开始，所有创始人就深信互联网能够创造公平的竞争环境，让小企业通过创新与科技扩展业务，并在参与国内或全球市场竞争时处于更有利的位置。自推出让中国的小型出口商、制造商及创业者接触全球买家的首个网站以来，阿里巴巴集团不断成长，成为网上及移动商务的全球领导者。阿里巴巴集团及其关联公司目前经营领先业界的批发平台和零售平台，以及其他多项基于互联网的业务，当中包括广告和营销服务、电子支付、云端计算和网络服务、移动解决方案，等等。

的确，阿里巴巴不仅仅是个传说，马云和他的阿里巴巴还让他们的梦想一步步变成了现实。阿里巴巴集团经营多项业务，另外也从关联公司的业务和服务中取得经营商业生态系统上的支援。业务和关联公司的业务包括：淘宝网、天猫、聚划算、全球速卖通、阿里巴巴国际交易市场、1688、阿里妈妈、阿里云、蚂蚁金服、菜鸟网络，等等。2014年9月19日，阿里巴巴集团在纽约证券交易所正式挂牌上市，股票代码“BABA”，创始人和董事局主席为马云。

阿里巴巴和马云就是使梦想成真的中国传奇。“梦想还是要有的，万一实现了呢”——这句话印在阿里巴巴IPO纪念衫上。马云和阿里巴巴不仅仅使得阿里巴巴的创业者致富，也使得在阿里巴巴运作平台上的创业者、经营者实现了致富的梦想。马云在一次演讲中曾说："是这些草根创业者把阿里巴巴抬进了纽交所，阿里巴巴今天的每1分钱市值，依靠的就是这些有梦想的平凡人。"

那么，阿里巴巴为何取得成功？我们从阿里巴巴的成长中可以学到什么？《阿里巴巴，让梦想成为现实——马云到底靠的啥》一书帮我们从以下11个部分解读了阿里巴巴的成功之路。

★阿里巴巴的股票代码BABA

★马云和他的阿里巴巴

★阿里巴巴，全球领先的采购平台B2B模式

★淘宝，阿里巴巴的大本营

★天猫，品质之城

★大数据，阿里巴巴的核心技术

★金融，阿里巴巴的资本梦

★合作，阿里巴巴的共赢

★PK，阿里巴巴的博弈

★收购狂欢，阿里巴巴的大视野

★核心价值观，阿里巴巴的企业文化

在不同人的眼中，阿里巴巴有着不同的形象，编者只是从个人的思维角度对阿里巴巴进行了观察、解读。在本书的编写过程中，由于编者水平有限，加之时间仓促，错误疏漏之处在所难免，敬请读者批评指正。同时，部分图片与文字内容引自互联网媒体，请原作者看到本书后及时与编者联系，以便支付稿酬。

编者

2016年7月

CONTENTS | 目录

马云说：人还是要有梦想的，万一实现了呢？

阿里巴巴集团由本为英语教师的马云于1999年带领其团队成员所创立，集团由私人持股，服务来自超过240个国家和地区的互联网用户。

马云曾说过：“在中国，做电子商务的人必须站起来走路，而不能老是手拉手，老是手拉着手要完蛋。我是说阿里巴巴发现了金矿，那我们绝对不自己去挖，我们希望别人去挖，他挖了金矿给我一块就可以了。”而这句话也成了阿里巴巴的准则。

淘宝网（www.taobao.com）创立于2003年5月，是注重多元化选择、价值和便利的中国消费者首选的网上购物平台，展示数以亿计的产品与服务信息，为消费者提供多个种类的产品和服务。

"天猫"（英文：Tmall）原名淘宝商城，是一个综合性购物网站，其营运模式是B2C。天猫是中国线上购物的地标网站，亚洲最大的综合性购物平台，拥有10万多个品牌商家。每日发布大量国内外最新商品和独家商品。

## 第七章　金融，阿里巴巴的资本梦 / 115

随着“互联网+”计划的提出与发展，互联网技术优势正在冲破金融领域的种种信息壁垒，互联网思维正在改写着金融业竞争的格局。那么，阿里巴巴是如何进行“互联网+金融”的实践的呢？

阿里巴巴的特点一向是“什么赚钱做什么”，而通过对阿里巴巴的研究也可以发现其非常善于资源的整合利用。对于这一点，在阿里巴巴与其他企业的合作上表现得十分明显。

作为中国三大互联网公司“BAT”之一，阿里巴巴的发展史上从不缺乏与其他公司PK的案例，一直以来它认真地面对每个对手、迎接每一次挑战。

阿里巴巴从一个电子商务公司步步为营，全面布局，变身为互联网巨鳄。近年来，阿里巴巴大肆收购，其中四项收购金额总计超过40亿美元。而且，阿里巴巴还同时表现出先投资、后并购的风格。

阿里巴巴的企业文化不只是体现在其广为流传的“六脉神剑”上，更体现在其企业精神及社会责任等方方面面。

# 导读　阿里巴巴，国际化的互联网公司

## 阿里巴巴是“互联网+”的先行者

2015年政府工作报告明确提出，“要制订‘互联网+’行动计划，推动移动互联网、云计算、大数据、物联网等与现代制造业结合，促进电子商务、工业互联网和互联网金融健康发展”。在2015年3月15日举行的新闻发布会上，李克强总理表示，最近互联网上流行的一个词叫“风口”，“我想，站在‘互联网+’的风口上顺势而为，会使中国经济飞起来”。

“互联网+”其实不是个新概念，阿里巴巴的马云一直是“互联网+”的先行者。“互联网+”是依靠新技术去改造传统商业模式，“是用先进的互联网力量去加速国内相对落后的制造业的效率、品质、创新、合作与营销能力的升级，这些领域会形成较大的投资机会”。

在新经济与传统经济融合过程中，由于腾讯、阿里巴巴等已经形成强大的互联网平台，单纯的互联网企业很难再有突围的机会，但是传统产业都在纷纷运用移动互联网、物联网技术改造自身，以提高生产效率，移动互联网将内核化，成为企业不可分割的组成部分。“用移动互联网等新技术武装起来的上市公司将重新获得竞争力，成为市场竞争的胜利者，未来这类公司将会受到重点关注。”

## 中国人创建的国际化互联网公司

阿里巴巴集团是一家由中国人创建的国际化的互联网公司，经营多元化的互联网业务，致力为全球所有人创造便捷的交易渠道；自成立以来，集团建立了领先的消费者电子商务、网上支付、B2B网上交易市场及云计算业务，近几年更积极开拓无线应用、手机操作系统和互联网电视等领域。集团以促进一个开放、协同、繁荣的电子商务生态系统为目标，旨在对消费者、商家以及经济发展做出贡献。

## 阿里巴巴的马云不仅仅是个传说

马云是谁？阿里巴巴集团由本为英语教师的马云于1999年带领其他17人所创立。1999—2000年，阿里巴巴从软银、高盛、美国富达投资等机构融资2500万美元，2002年阿里巴巴B2B公司开始盈利。2003年，依然在马云位于杭州的公寓中，淘宝成立，同年，支付宝发布。至今，阿里巴巴是中国三大互联网公司之一。

阿里巴巴集团由私人持股，服务来自超过240个国家和地区的互联网用户；集团及其关联公司在大中华地区、印度、日本、韩国、英国及美国70多座城市共有34433名员工（2015年6月数据）。

而阿里巴巴集团16年的发展，本身就像一部大片。

## 阿里巴巴是中国互联网业界最大的传奇

毫无疑问，阿里巴巴是中国互联网业界最大的传奇。它在网上支付、B2B网上交易市场及云计算等领域的业务布局，促生了一个开放、协同、繁荣的电子商务生态系统。

马云说，阿甘是他的偶像。2014年9月19日，全世界的目光投向这家来自中国的企业时，马云把8个普通人推上了纽交所敲钟的前台。马云说，阿里巴巴是一个生态系统，没有他们，就没有今天的阿里巴巴。

“是这些草根创业者把阿里巴巴抬进了纽交所（纽约证券交易所，New York Stock Exchange，NYSE），”马云在一次演讲中说，“阿里巴巴今天的每1分钱市值，依靠的就是这些有梦想的平凡人。”

“梦想还是要有的，万一实现了呢”，这句话可谓是马云的名言，影响了很多有梦想的年轻人。而正是因为马云有梦想才使他从一位普通的英语老师变成如今的中国首富，也引领着阿里巴巴成长为国际化的互联网公司。

# 第一章 阿里巴巴的股票代码BABA

**导言：**

对于中国互联网来说，2014年9月是不平静的月份，这个月，各界都在谈论阿里巴巴的巨大成功。在中国互联网发展走过20年的当口，阿里巴巴仿佛应验了“芝麻开门”的咒语，在美国纽约证券交易所成功上市，至此阿里巴巴成长为世界最大的电商企业。

## 第一节　史上规模最大的一桩IPO交易

在2014年9月19日晚，对于阿里巴巴集团（以下简称阿里巴巴、阿里）来说是腾飞的一夜，就在当晚阿里巴巴成功登陆纽约证券交易所，证券代码为“BABA”，价格确定为每股68美元，成为全球范围内规模最大的IPO交易之一。

此次阿里巴巴上市备受热捧，招股价区间由最初的60～66美元提高到66～68美元，并最终在68美元的上限定价，融资218亿美元。其股票当天开盘价为92.7美元，较发行价增长36.32%，总市值达到2383.32亿美元。这场史上最大的IPO已经成为中国乃至整个世界电商领域内里程碑式的事件。

### 成史上最大IPO

2014年9月22日，阿里巴巴在其IPO（首次公开招股）交易中总共筹集到了250亿美元资金，创下了有史以来规模最大的一桩IPO交易。这是由于该集团的承销商行使了超额配售选择权，从而将筹资规模扩大了15%。

据阿里巴巴集团当天发表的一份声明显示，该集团的承销商通过行使超额配售选择权的方式额外购买了4800万股美国存托凭证，每股价格为68美元，也就是该集团的IPO发行价。在计入通过这种所谓的“绿鞋”机制所发行的股票以后，阿里巴巴集团的总筹资额超过了中国企业此前创下的历史最高纪录。

## 市值最高的在美上市公司之一

在2014年9月19日纽约证券交易所挂牌上市的当天，阿里巴巴集团股价上涨了36.32%；据相关数据显示，在IPO规模达到100亿美元或以上的交易中，这创下了最大的上市首日涨幅，并使得阿里巴巴集团成为市值最高的美国上市公司之一。

## 繁华之后是不是凄凉

阿里巴巴在宣传上确实很强，给人们营造出代表中国公司争战世界的印象。不可否认，阿里巴巴确实影响了中国商业，有广泛的商户和用户基础。

阿里巴巴的股价被各种“势”与“力”抬着往上走，导致发行价过高、增长空间被严重挤压，留给普通/个人投资者的机会并不大。

光从公开的数据层面来看阿里巴巴足够光鲜：业务布局广、营收增速快、利润率极高；在中国这个足够大的电商市场上占据明显领先位置，而且触角也已经伸向了国际市场。良好的业绩撑起阿里巴巴足够疯狂的股价，即便市值达到2314亿美元，但表面上看起来一切合情合理。

## 对中国电商格局的影响

阿里巴巴在美上市这场史上最大的IPO已经成为中国乃至整个世界电商领域里里程碑的事件。那么它的上市对中国电商格局有哪些影响呢？

### 阿里巴巴抢滩移动电商

2013年，阿里巴巴开始抢滩移动互联网，布局移动电商，包括投资或收购快的打车、高德软件、新浪微博、穷游网、优酷土豆、UCWeb等。

阿里巴巴的移动电商布局主要从移动入口、流量入口和O2O业务展开。阿里巴巴的移动电商业务正走上发展的快车道。淘宝无线以手机淘宝、淘点点、支付宝钱包为承载平台，与众多百货、餐饮等商家进行合作，发展O2O业务。收购高德地图后，阿里巴巴将地图变成了O2O电商和生活服务的入口平台。而投资新浪微博、收购UC浏览器、打造阿里云OS手机，以及与优酷土豆和华数传媒的合作更多的是在补齐阿里巴巴在移动、社交和家庭的流量入口。反过来，这些都可以为阿里巴巴的电商业务服务。

艾瑞咨询的数据显示，2013年阿里移动零售占中国总移动零售规模的76.2%。根据阿里巴巴自己的数据，其在2014财年的移动商品成交总额达到3190亿元人民币，较上年度810亿元大幅增长394%，移动端月活跃用户上升至1.63亿。2014年第一季度，阿里巴巴集团移动交易额占总交易额的比例从10.7%上升到27.4%，总交易额为1180亿元。

### 巨头借势谋变电商格局

在PC互联网时代，百度、阿里巴巴和腾讯（简称“BAT”）三巨头稳居产业第一阵营。随着移动互联网时代的来临，BAT利用各自核心业务全面备战移动电商。

就在阿里巴巴宣布上市的同一天，腾讯宣布微信企业号公测。

在不久前召开的百度世界大会上，百度正式发布了“直达号”，宣布基于移动搜索、@账号、地图、个性化推荐等方式让顾客随时随地直达商家的服务，为商家和消费者搭建了一个O2O服务的平台。

百度和腾讯的布局远没有停止。2014年9月初，腾讯的马化腾、百度的李彦宏和万达的王健林联合宣布计划一起投资50亿元打造全球最大的O2O平台万达电商。

马云的电商帝国正面临越来越多的挑战者。根据阿里招股书显示，截至2014年6月底，阿里在移动端的月活跃用户数为1.88亿，远不及微信的6亿多的用户数量。

### 未来电商格局关键要看生态系统

移动互联网浪潮正在全面袭来，得移动端得天下。工信部国际经济技术合作中心电子商务研究所所长王喜文认为，对于阿里来说，仍然难以突破缺少移动互联网入口的尴尬局面。但在这次大规模的募资完成之后，未来阿里巴巴在移动电商业务上的扩张将会出现广阔无比的空间和意想不到的入口。

移动端业务已经变成了这个电商王国的发动机。在阿里巴巴5月7日递交的招股书中，“移动”一词出现了254次。这显示该公司正在牢牢把握移动浪潮，通过手机淘宝和支付宝钱包等移动应用、云计算和投资收购引领中国移动端电子商务，未来将增强对移动终端用户的服务。招股书相关信息也表明，受益于移动平台交易额的快速增长，阿里巴巴移动端收入快速提升，在移动端的变现能力不断增长。

未来业务规划方向明确。为了扩大在移动端的领先优势，阿里巴巴还将继续收购和与移动互联网领先企业的合作。阿里巴巴称：“我们希望给消费者提供更多更广的服务内容，比如本地生活服务、O2O服务和数字化内容，使我们成为消费者日常生活中不可或缺的部分。”由此不难明白阿里巴巴为何涉足云计算、大数据、物流、影视娱乐、医疗健康甚至足球等看似与原先业务无关的领域了。

在招股书里，阿里巴巴宣称自己拥有全球最大的商品、用户、交易数据库和全球最大的支付平台。马云曾在多个场合表示，阿里云的未来会比淘宝、天猫、支付宝加起来还要大。

移动互联网是产业发展的一个大方向，对企业来说既是挑战，更是机会。未来中国电商将呈现怎样的变局，犹未可知。正如中国工程院院士、中国互联网协会理事长邬贺铨在多个场合反复强调的那样，互联网企业只创造未来，不预测未来。让我们拭目以待。

## 【拓展阅读】 阿里巴巴在美上市历程

### 阿里巴巴在美上市历程

2014年3月16日，阿里巴巴宣布决定启动赴美上市事宜，以使公司更加透明，以及国际化，进一步实现阿里巴巴的长期愿景和理想。

2014年5月6日，阿里巴巴向美国证券交易委员会（SEC）提交了首次公开募股（IPO）申请，确定阿里巴巴的上市承销商为瑞士信贷银行、德意志银行、高盛、摩根大通、摩根士丹利和花旗集团。

2014年6月16日，阿里巴巴首次公布了27名合伙人名单、任职情况，同时公布了未来上市公司的9名董事会成员名单，以及最新财务数据。

2014年6月26日，阿里巴巴决定申请在美国纽约证券交易所挂牌上市，股票交易代码为“BABA”。

2014年9月5日，阿里巴巴预估其IPO发行价在每股美国存托股（ADS）60美元到66美元，拟发行3.20亿股美国存托股。此外，阿里巴巴还赋予上市承销商最多4802万股美国存托股的超额认购权。

2014年9月8日，阿里巴巴在纽约华尔道夫酒店启动为期10天的全球路演，受到投资者追捧。

2014年9月15日，阿里巴巴将IPO发行价预估区间提至每股美国存托股66美元到68美元。

2014年9月18日，阿里巴巴将其IPO发行价确定为每股美国存托股68美元，融资额为218亿美元，超越维萨卡公司成为美国最大的IPO。如承销商行使超额认购权，阿里巴巴有望创下全球IPO融资额最高纪录。

2014年9月19日，阿里巴巴在美国纽约证券交易所正式挂牌交易，股票交易代码为“BABA”。

## 阿里巴巴上市后面临的困境

作为中国最大的渠道电商，阿里巴巴在打造淘品牌和天猫原创，通过菜鸟为渠道下沉做准备，但整体依然面临极大压力。主要表现在三个方面，如下图所示。

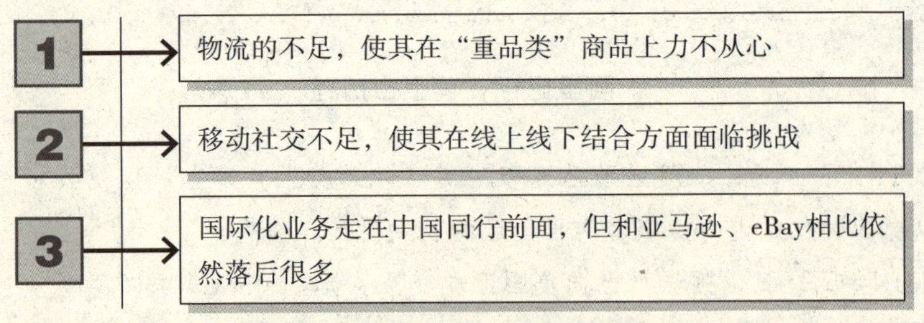


阿里巴巴上市后面临的困境图

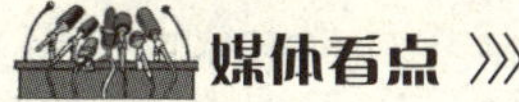

**媒体看点 》》**

## 在美国上市之后阿里巴巴在做什么？

阿里巴巴在美国上市是2014年互联网行业最令人瞩目的大事件，阿里巴巴以2314.39亿美元的市值，成功超越Facebook成为仅次于谷歌的全球第二大互联网公司。

马云

阿里巴巴上市之后，美国人惊了，中国人疯了，每个人、每个地方、每个社区平台都被这个消息轰炸着。时间过得很快，阿里巴巴上市已有时日，人们依旧关注着阿里巴巴的动态，那么，阿里巴巴在上市之后都做了些什么呢？

**看点一　拟推香港版余额宝**

阿里巴巴旗下的金融部门“支付宝”与香港金融管理局（HKMA）进行了谈判，希望获得推出港版余额宝的授权。余额宝于2013年6月推出，已吸引超过7000亿元人民币资金。虽然收益率的辉煌已不再，但作为颇受欢迎的中国货币市场基金，余额宝的收益率依然要高于传统账户的人民币存款利率。

如今，阿里巴巴已将其模式复制到海外。除此之外，阿里巴巴还推出一些港元产品。

**看点二　牵手长江传媒布局数字出版**

湖北长江传媒数字出版有限公司与浙江淘宝网络有限公司、淘宝（中国）软件有限公司在武汉签署了《战略合作协议》。合作双方在图书资源共享、销售联合推广和项目共同开发等方面结成了战略合作伙伴关系。

由于双方都看好数字出版的市场前景，因此达成战略合作有利于双方发挥各自的资源和优势，有望在数字出版行业获得突破。合作双方还探讨与尝试由内容提供商业驱动力，牵引出功能、消费与服务的新商业模式，并共同探索新的合作项目，共同开展项目策划、研发和申报活动。

**看点三 以28.1亿元认购石基信息15%的股权**

2014年9月29日，阿里巴巴集团斥资人民币28.1亿元（合4.5866亿美元）收购中国酒店技术供应商北京中长石基信息技术股份有限公司15%的股权。这是阿里巴巴在通过纽约首次公开募股（IPO）筹集到创纪录的250亿美元后进行的首笔重大投资。

阿里巴巴会与石基信息共同发展包括后台服务的淘宝旅行业务，同时帮助石基信息将酒店客户转移到阿里巴巴的电子商务网站上。

石基信息为中国迅速发展的酒店市场提供IT咨询，其产品包括管理酒店预订、采购、仓库、销售系统、宽带网和财务系统的软件，等等。

**看点四 入局民营银行**

2014年9月26日，银监会网站发布消息，宣布批复同意在上海市筹建上海华瑞银行、在浙江省杭州市筹建浙江网商银行。

在网商银行的主要发起人中，阿里巴巴、上海复星工业技术发展有限公司、万向三农集团持股比例分别为30%、25%、18%。在拥有民资银行“网商银行”30%股权后，阿里巴巴旗下的小微金融服务集团（下称小微金融）拥有了新的筹码。实际上，小微金融是阿里巴巴上市外资产中最重要的一部分，它是支付宝的母公司。

## 第二节 阿里巴巴的股权结构

### IPO前阿里巴巴股权结构

2014年5月6日，阿里巴巴集团向美国证券交易委员会（SEC）提交了IPO

（首次公开招股）招股书。在招股书中首次披露了阿里巴巴的股权结构，如下表所示。

阿里巴巴IPO前股权结构表

| 姓名 | 持股数（亿股） | IPO前持股比例（%） |
| --- | --- | --- |
| 马云 | 2.06 | 8.90 |
| 蔡崇信 | 0.83 | 3.60 |
| 雅虎 | 5.24 | 22.60 |
| 软银 | 7.97 | 34.40 |
| 其他 | 7.53 | 30.50 |
| IPO前总股数 | 23.63亿股 | |

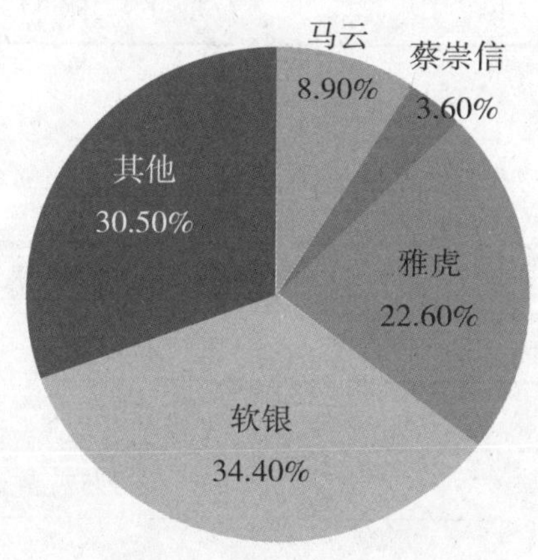


阿里巴巴IPO前股权结构图

以机构持股比例来看，日本软银集团持股比例34.4%是阿里巴巴最大的股东，雅虎持股比例为22.6%排名第二，两者合计57%。

以个人持股比例来看，阿里巴巴董事局主席马云持股比例为8.9%，阿里巴巴联合创始人蔡崇信持股比例为3.6%，而阿里巴巴CEO陆兆禧、COO张勇等高管的持股比例均未超过1%。

## 在IPO过程中的股权变更

阿里巴巴IPO首次发行3.2亿股；其中新股1.23亿股，占比38%；股东出售1.97亿股。随后承销商启动超额配售4800万股，其中新股2614万股，其余部分由雅虎、马云、蔡崇信等股东出售，共计提供给投资者3.68亿股ADS，每股ADS等值于一股普通股，发行价68美元，阿里巴巴共计募资250.24亿美元，成为史上最大IPO。

IPO过程中增减股情况表

| | 新股（亿股） | 股东出售（亿股） |
|---|---|---|
| 超额配售前 | 1.23 | 1.97 |
| 超额配售 | 0.26 | 0.22 |
| 总计 | 1.49（40.5%） | 2.19 |
| 募资额 | 3.68×68=250.24亿美元 | |

在IPO过程中股东售股情况表

| 姓名 | IPO中大致售股（亿股） |
|---|---|
| 马云 | 0.1275 |
| 蔡崇信 | 0.0425 |
| 雅虎 | 1.3957 |
| 软银 | 0 |
| 其他 | 0.62 |

## IPO后阿里巴巴股权结构

IPO后，阿里巴巴四大股东持股生变，如下表所示。

IPO后股权结构表

| 姓名 | 持股数（亿股） | IPO后持股比例 |
|---|---|---|
| 马云 | 1.93 | 7.80% |
| 蔡崇信 | 0.79 | 3.20% |
| 雅虎 | 3.84 | 15.56% |
| 软银 | 7.97 | 32.40% |
| 其他 | 10.6 | 41.04% |
| IPO后总股数 | 25.13亿股 | |

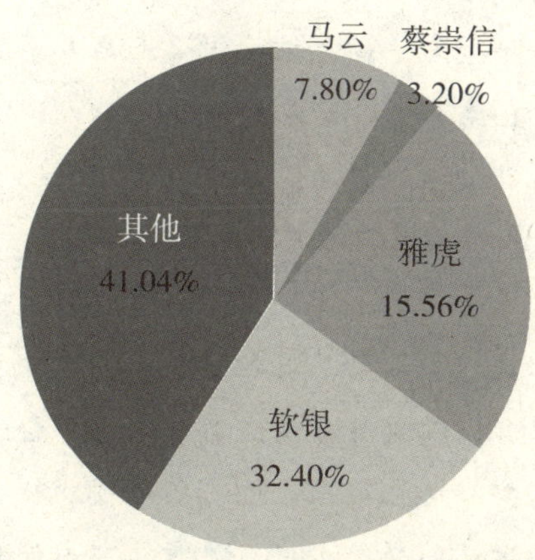


IPO后股权结构图

从上表可以看出，IPO后，阿里巴巴集团股东持股比例均被摊薄。

## 媒体看点

### 阿里巴巴的合作人制度是马云为了阿里巴巴的控制权而设立的吗？

**成立合伙人制度**

从1999年开始，阿里巴巴的创始人就在以合伙人的精神来运营和管理公司。

为了保证公司的使命、愿景和价值观的持续发展，阿里巴巴在2010年7月决定将合伙人协议正式确定下来，并取名为“湖畔合伙人”，或称为“阿里巴巴合伙人”。马云对合伙人这种制度在成立初期已有雏形，而并非为了控制权而设立，只不过早期的合伙人只是创始人而已。

**只有阿里巴巴的人才能有控制权**

“从2010年开始，集团开始在管理团队内部试运行‘合伙人’制度，每一年选拔新合伙人加入。合伙人，作为公司的运营者、业务的建设者、文化的传承者，同时又是股东，最有可能坚持公司的使命和长期利益，为客户、员工和股东创造长期价值。”这个时候合伙人制度已开始实际运行，只不过不为外界所知晓，马云为阿里基业长青费尽心思。

“阿里合伙人制度将独享提名董事会简单多数成员的权利。如果股东大会未选举通过阿里合伙人的董事提名，或者该被提名人离开董事会，阿里巴巴有权另外任命一人为临时董事，直至下一届股东大会。”

这是马云为了阿里巴巴的控制权不旁落，只有阿里巴巴的人才能掌控阿里巴巴。成为阿里巴巴的合伙人必须来自阿里巴巴的内部。

**每年都选举新合伙人**

除马云和蔡崇信为永久合伙人外，其他合伙人要在60岁时退休或在离开阿里巴巴时同时退出合伙人，其他人都并非永久留任。每年合伙人可以提名选举新合伙人候选人，新合伙人需要满足在阿里巴巴工作或关联公司工作五年以上；对公司发展有积极的贡献；高度认同公司文化，愿意为公司使命、愿景和价值观竭尽全力等条件。担任合伙人期间，每个合伙人都必须持有一定比例的公司股份。

**对合伙人都有极高的要求**

每个合伙人都必须经过严格的筛选，合伙人会随着合伙人主动离职而失去合伙人资格，同样也会每年由合伙人投票选举新的合伙人，保证其更多新鲜血液流入。在公司价值观、业务能力方面对合伙人都有极高的要求，因为阿里巴巴合伙人必须是在阿里巴巴内部产生，又持有部分公司股份，在精神及物质层面对阿里巴巴集团的维护都给予充分保障。

“阿里合伙人制度将独享提名董事会简单多数成员的权利。如果股东大会未选举通过阿里合伙人的董事提名，或者该被提名人离开董事会，阿里巴巴有权另外任命一人为临时董事，直至下一届股东大会。”

**合伙人可以控制董事会**

阿里巴巴的合伙人才是最有权利的组织，他们可以控制董事会，当然就可以完全控制着阿里巴巴集团。

只有继承阿里巴巴文化的阿里巴巴人执掌阿里巴巴这艘巨舰，才能保证其起帆远航却不会偏离阿里巴巴传承的文化，即便合伙人人数再多也不会被稀释。

**马云对时局的把握铸就了阿里巴巴今天的辉煌**

马云一直致力于将阿里巴巴打造成为一个生态，而不是想做一个帝国。因为帝国权力高度集中，必然易致衰败消亡，传统狭隘的观念注定无法走远。而生态扁平化、人性化的管理，滋养万物而生生不息。

马云对时局的把握铸就了阿里巴巴今天的辉煌，也带领着阿里巴巴向着梦想横跨三个世界，成为百年企业的宏伟目标驶进。马云不是神，马云只是一个亿万普通人中的一员，但他用自己的努力告诉我们，平凡人也能成就不平凡的伟业。

# 第二章
# 马云和他的阿里巴巴

**导言：**

马云说：人还是要有梦想的，万一实现了呢？

阿里巴巴集团由本为英语教师的马云于1999年带领其团队成员所创立，集团由私人持股，服务来自超过240个国家和地区的互联网用户。

# 第一节　马云不是神

虽然马云的成功是一个“神话”，但现实生活中的马云和我们一样，并没有与众不同的地方。只不过一个成功的人在普通人的基础上多了一分信念、多了一分努力、多了一分忍耐、多了一分坚持。

## 马云是一名优秀青年教师

1964年10月15日，马云出生在浙江省杭州市；1988年，马云从杭州师范学院外语系英语专业毕业，之后在杭州电子工业学院任英文及国际贸易讲师，并很快成为杭州优秀青年教师。马云发起西湖边上的第一个英语角，同时在杭州翻译界有了名气，并于1992年成立海博翻译社，请退休老师做翻译。

## 马云创办“中国黄页”

1995年4月，中国第一家互联网商业公司杭州海博电脑服务有限公司成立，当时公司只有三名员工——马云、马云夫人张瑛和何一兵。

1995年5月，中国黄页正式上线，而此时，离中国能上Internet还有3个月。其后不到3年时间，马云利用中国黄页赚到了500万元。

## 马云是电商教父

在1995年成立“中国黄页”后，20年来马云用勇气和智慧将自己塑造成为中国的电商“教父”，现在，但凡提及中国互联网及电商产业发展，便一定会提到马云和他的阿里巴巴。而马云的创业史，也是中国年轻人神往的“教父炼成史”，在这个过程中不仅没有鲜花与掌声，更有艰难险阻，同时也是靠着以马云为代表的一代电商人“摸着石头过河”，才定义了这个时代的电商奋斗史。

## 马云是个关注度很高的人物

自从1999年创立阿里巴巴以来，马云一直都不缺乏公众的关注。到了2014年9月，阿里巴巴以创纪录的规模在美国纽约证券交易所成功上市，让马云的关注度达到了顶峰。但马云对于整个国家的价值不仅仅是财富引起的关注度，而是这个充满争议的人物到底会以一个什么样的形象被认同和效仿。

## 马云被评价为有不屈的灵魂

2010年6月25日，马云便确定了阿里巴巴集团未来10年的发展目标及在电子商务方面的创新思路，如下图所示。

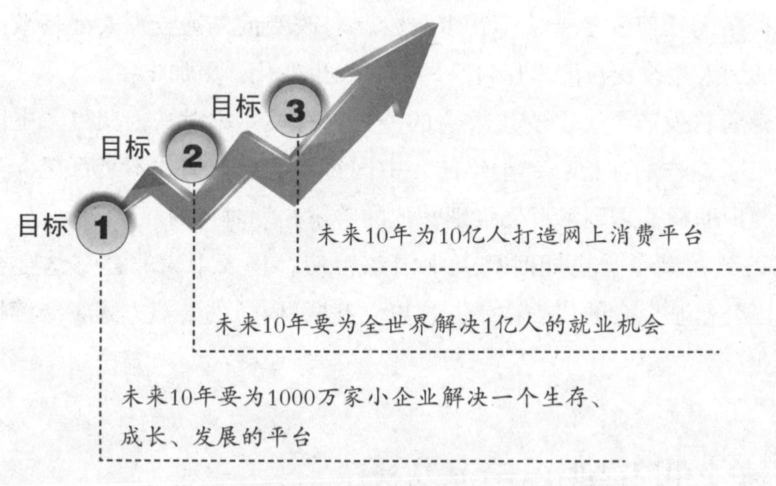


阿里巴巴集团10年发展目标图

当时马云及阿里巴巴集团被评价为：“一个有理想的人和一个有理想的企业，都有一个不屈的灵魂。‘阿里巴巴’为青年人开了一扇门，这扇门可能很小，但穿过这扇门，前面就是光明的坦途，要坚定不移地走过去。”

## 马云成为新的亚洲首富

2014年，马云个人财富达218亿美元，超过李嘉诚成为新的亚洲首富。阿里巴巴也以超过3000亿美元的市值成为全球最大的互联网公司之一。当然，马云在中国的影响力并不限于财富本身——淘宝每年和数亿的消费者产生紧密的联系；阿里巴巴、天猫和淘宝与数百万不同规模的公司和经营者进行交易。

## 马云成为新一届的“中国首善”

2015年4月28日晚，在水立方发布了“2014年度中国慈善榜”，因为124亿元的捐款额和国际视野的公益方式，阿里巴巴董事局主席马云成为新一届的“中国首善”。

“做公益和慈善，在我看来是人生一种很大的福报，我们努力的结果，既能帮助自己，也能帮助别人。”荣获中国首善的马云当天更新了他的微博，“我们今天捐赠的任何一笔钱，不管多与少，对改变世界甚至别人都是微不足道的，但帮助别人是改变自己，让自己的内心发生变化，更加丰富。”

在中国慈善榜发布会上，受组委会的委托，有关专家对马云获得“中国首善”称号做出了这样的评价：“十年前，中国每年的慈善捐款不足百亿，而现在马云一人的捐助额就达到了百亿级别，他的善举是划时代的。”

阿里巴巴公益基金会也同时登上中国慈善榜，进入十大非公募基金会榜单。阿里巴巴公益基金会的代表称，“将以‘互联网+’的公益方式，继续推进中国公益事业”。

## 马云为整个中国提供了一个成功榜样

作为硅谷式的创业家，马云为整个中国提供了一个无懈可击的成功榜样。他创立了一个备受瞩目的公司，让员工以及股东获得了财务上的巨大回报。但马云还被期望提供一些超越财富的贡献，如他在商业上的眼光、决断力以及对待财富的态度。

## 【拓展阅读】 助力中国慈善公益！马云宴请比尔·盖茨

### 助力中国慈善公益！马云宴请比尔·盖茨

2014年6月19日，马云特地在北京宴请了微软创始人比尔·盖茨（Bill Gates），主要讨论慈善与公益事宜，以推动中国慈善公益事业发展。

马云与比尔·盖茨的此次晚宴也随之颇受众人关注。马云已与蔡崇信成立个人公益信托基金，基金来源是二人拥有的阿里巴巴集团，总体规模则是上市的阿里巴巴集团总股本的2%。此外，马云也透露，其公益基金未来最想投入环境、医疗、教育和文化四个领域。对于马云在慈善公益事业上的态度，比尔·盖茨颇为赞赏。

## 第二节　阿里巴巴是电商帝国

阿里巴巴集团是一家由中国人创建的国际化的互联网公司，经营多元化的互联网业务，致力为全球所有人创造便捷的交易渠道。自成立以来，集团建立了领先的消费者电子商务、网上支付、B2B网上交易市场及云计算业务，近年更积极开拓无线应用、手机操作系统和互联网电视等领域。集团以促进一个开放、协同、繁荣的电子商务生态系统为目标，旨在对消费者、商家以及经济发展做出贡献。

### 第一次商海试水无疾而终

#### 试水海博翻译社

成立海博翻译社是而立之年的马云试水商海迈出的第一步。

开张的第一个月收入仅700元。就在很多人举棋不定的时候，马云独自一人背着大麻袋去义乌贩卖小商品、卖书、卖衣服，他要用这些收入来缓解翻译社入不敷出的艰难状况。然而，这远非马云能量的全部。

**马云受杭州市政府的委托去美国调查**

1995年，杭州市政府准备修建一条高速公路，与一家美国的投资方谈判了1年，钱仍然没有到位。双方认为谈判时翻译有问题，于是请来精通英语的马云。让马云意想不到的是，投资者居然是个地地道道的国际诈骗犯。发现真相后，马云受杭州市政府的委托去美国调查。

**美国“投资者”让马云否极泰来**

发现事情败露的美国“投资者”把马云软禁了起来。最后，马云假装和那个美国人合作，表示要投资互联网，这才准许他回国看看。其实，当时的马云，只是偶然从一个外教那儿听过有互联网这么个东西而已。

于是，马云连行李箱都顾不上拿，怀揣着从赌场赢来的600美元奔向机场。马云回忆起那段经历不无后怕，“后来我到美国还被黑社会追杀”。

## 两次遭遇“滑铁卢”

受到巨大惊吓的马云逃脱之后并没有立即回国，而是悄悄从洛杉矶飞到了西雅图。在西雅图的一家公司，马云第一次接触了互联网。那家公司的人告诉他，想查什么在电脑上一敲就能出来。于是，他敲了“Beer”这个单词。德国啤酒、美国啤酒都出来了，但就是找不到中国啤酒的数据。

**马云创建了中国最早的互联网公司——“中国黄页”**

回国之后，马云决定在中国成立一家互联网公司，他要做一个网站，把国内的企业资料收集起来放到网上向全世界发布。

1995年4月，马云凑了2万元，创建了中国最早的互联网公司之一的海博网络，并启动了“Chinapage”项目——“中国黄页”。

**一场实力悬殊的战争**

在成功地发布了无锡小天鹅、北京国安足球俱乐部等中国第一批互联网客户的主页后，“中国黄页”开始在圈子里小有名气。1997年年底，网站的营业额做到了700万元，这在当时的情况下是不可思议的。

1996年互联网在中国升温，当时与“中国黄页”竞争最激烈的当属杭州电信，这是一场实力悬殊的战争。杭州电信注册资本3亿多元，马云注册资本仅2万元。马云最终向对方出让了70%的股份，失去决策权的马云在自己创下的公司完全施展不开手脚。

### 一场不了了之的交易

1997年，当时的外经贸部向马云伸出了橄榄枝。马云将自己所持的21%“中国黄页”股份以每股二三毛钱的价格贱卖了公司，带着5个创业人员远走北京，继续开发网上贸易站点。在租来的不到20平方米的小房间里埋头苦干15个月后，不仅让外经贸部成为中国第一个上网的部级单位，而且将净利润做到了287万元。然而，外经贸部此前对马云的团队许诺的股份却因种种原因迟迟没有落实。

## 阿里巴巴诞生记

1997年年底，马云敏锐地觉察到全世界互联网高潮就要到来！马云约齐团队的所有人，说出了自己的决定：“我给你们三个选择：第一，你们去雅虎，我推荐，雅虎一定会录用你们的，工资会很高；第二，去其他门户网站，我推荐，工资也会很高；第三，跟我回杭州，只能分800块钱，你们住的地方离我5分钟车程以内，你们自己租房子，不能打出租车，而且必须在我家里上班。你们自己作决定。”马云给他们3天时间考虑。

### 马云和他的团队悄然南归

对从杭州跟自己闯到北京来的亲密伙伴说出自己的决定后眼见他们陆续走出房门，马云心里虽然失落却依然坚信自己的选择。然而，仅在3分钟后，所有人全部折回对他说，“马云，我们一起回家吧”。那一刻，坚强的马云流泪了，他对自己说：朋友没有对不起我，我也永远不能做对不起他们的事情！我们回去，建一家我们这一辈子都不会后悔的公司。

1999年1月15日，马云和他的团队悄然南归。从北京回到杭州，他成了一位名副其实的“无业游民”。

### 马云看到了BBS的影子

马云团队离开北京前，在游长城时发现很多石砖上都刻着“×××到此一游”，他从中隐约看到了BBS的影子；在亚洲电子商务大会上他又发现，所谓的“亚洲”电子商务大会，其实是金发碧眼的欧美人占绝大多数，亚洲市场上并没有适合自身特点的电子商务模式。

和其他互联网精英不一样，马云一直生活在草根阶层中，正因为这样，他的构想才和当时所有的电子商务不同——他不做那15%大企业的生意，只做85%中小企业的生意。大企业有专门信息渠道和巨额广告费，小企业却什么都没有，它们才是最需要互联网的人。就是这样的想法才使阿里巴巴得以诞生。

### 集中精力做好B2B网站

阿里巴巴诞生时的中国，互联网已经遍地开花。在其他网站都忙着大肆“忽悠”以获取风险投资时，马云却在6个月内不主动宣传自己，集中精力做好B2B网站，他认为做正确的事永远比正确地做事重要。

风险投资寻着B2B而来，而马云拒绝了38家风投公司，一直在等待最合适的那一家，直到遇上高盛和软银。

### 马云获得高盛和软银的投资

1999年10月，刚在前一天获得高盛等投资商500万美元投资的马云见到了软银集团董事长孙正义，孙正义投资3000万美元，占阿里巴巴30%的股份，马云提出了3个条件：第一，阿里巴巴只接受软银一家投资，不再希望其他投资人进来；第二，软银作为股东，不能只看眼前利益，不顾阿里巴巴的长远打算，必须以阿里巴巴的发展为重心，也就是说孙正义不要过分干涉阿里巴巴的运营事项；第三，请孙正义担任阿里巴巴的董事。

然而经过冷静思考，马云担心软银持股过多，重新同软银谈判，表示只需要2000万美元，最终孙正义同意2000万美元的投资。

2000年硅谷互联网泡沫破灭，纳斯达克科技股纷纷大跌，此时再从市场上融资已经非常困难。但是凭借着这笔融资，阿里巴巴度过了随后而来的互联网寒冬。

## 阿里巴巴旗下的业务板块

阿里巴巴旗下的业务有十大块，如下图所示。

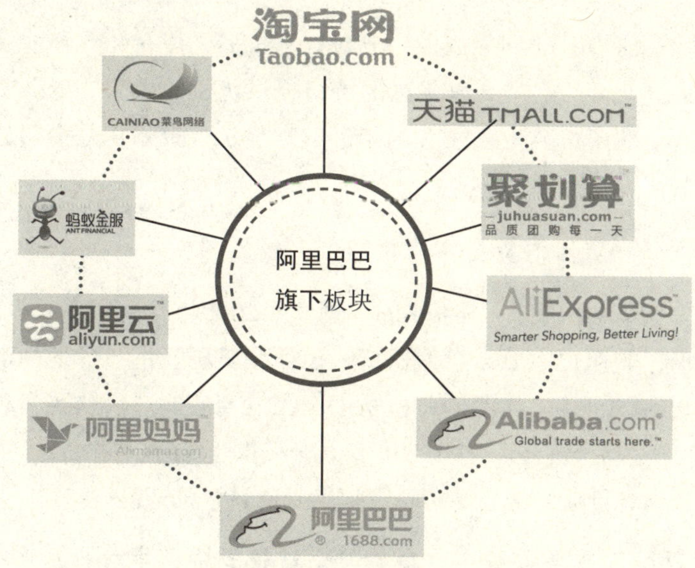


阿里巴巴业务板块图

### 淘宝网——中国最大的网上购物平台

淘宝网（www.taobao.com）创立于2003年5月，是注重多元化选择、价值和便利的中国消费者首选的网上购物平台。淘宝网展示数以亿计的产品与服务信息，为消费者提供多个种类的产品和服务。根据艾瑞咨询的统计，以2014年的商品交易额（GMV）计算，淘宝网是中国最大的网上购物平台。此外，根据艾瑞咨询的统计，截至2015年3月底，手机淘宝是中国最受欢迎的移动电子商务手机客户端。

## 天猫——中国最大的为品牌及零售商而设的第三方平台

天猫（www.tmall.com）创立于2008年4月，致力为日益成熟的中国消费者提供选购顶级品牌产品的优质网购体验，目前已有许多国际和中国知名品牌及零售商在天猫上开设店铺。根据艾瑞咨询的统计数据显示，以2014年的商品交易额（GMV）计算，天猫是中国最大的第三方品牌及零售平台。

## 聚划算——中国最受欢迎的团购网站

聚划算（www.juhuasuan.com）于2010年3月推出，主要通过限时促销活动，结合众多消费者的需求，以优惠的价格提供优质的商品。根据艾瑞咨询基于2014年月度活跃用户数（MAU）的统计数据显示，聚划算是中国最受欢迎的团购网站。

## Aliexpress——全球消费者零售市场

全球速卖通（www.aliexpress.com）创立于2010年4月，是为全球消费者而设的零售市场，其用户主要来自俄罗斯、巴西和美国。世界各地的消费者可以通过全球速卖通，直接以实惠的价格从中国批发商和制造商购买多种不同的产品。全球速卖通服务数百万名来自220多个国家和地区的注册买家，覆盖20多个主要产品类目，其目标是向全球消费者提供具有特色的产品。

## 阿里巴巴国际交易市场——领先的全球批发贸易平台

阿里巴巴国际交易市场（www.alibaba.com）是阿里巴巴集团最先创立的业务，目前是领先的跨界批发贸易平台，服务全球数以百万计的买家和供应商。小企业可以通过阿里巴巴国际交易市场，将产品销售到其他国家。在阿里巴巴国际交易市场上的卖家一般是来自中国以及印度、巴基斯坦、美国和泰国等其他生产国的制造商和分销商。阿里巴巴国际交易市场服务全球240多个国家和地区数以百万计买家和供应商，展示超过40个行业类目的产品。

## 1688——中国领先的网上批发市场

1688（www.1688.com；前称“阿里巴巴中国交易市场”）创立于1999年，是中国领先的网上批发平台。1688为在阿里巴巴集团旗下零售市场经营业务的商家，提供了从本地批发商采购产品的渠道。

### 阿里妈妈——领先的网上营销技术平台

阿里妈妈（www.alimama.com）创立于2007年11月，是为阿里巴巴集团旗下交易市场的卖家提供PC及移动营销服务的网上营销技术平台。此外，阿里妈妈也通过淘宝联盟，向这些卖家提供同类型而又适用于第三方网站的营销服务。

### 阿里云计算——云计算与数据管理平台开发商

阿里云计算（www.aliyun.com）创立于2009年9月，致力开发具有高度可扩展性的云计算与数据管理平台。阿里云计算为阿里巴巴集团的网上及移动商业生态系统里的参与者，包括卖家及其他第三方客户和企业，提供全面的云计算服务，包括数据采集、数据处理和数据存储，以便推动阿里巴巴集团及整个电子商务生态系统的成长。

### 蚂蚁金服——专注于服务小微企业与消费者的金融服务供应商

蚂蚁金融服务集团专注于服务小微企业与普通消费者。基于互联网的思想和技术，蚂蚁金融服务集团致力于打造一个开放的生态系统，与金融机构一起，共同为未来社会的金融提供支撑，实现“让信用等于财富”的愿景。蚂蚁金融服务集团旗下业务包括支付宝、支付宝钱包、余额宝、招财宝、蚂蚁小贷及芝麻信用，等等。

### 菜鸟网络——物流信息平台运营商

菜鸟网络是阿里巴巴集团的关联公司，致力于满足现在及未来中国网上和移动商务业务在物流方面的需求。菜鸟网络经营的物流信息平台，一方面为买家及卖家提供实时信息，另一方面向物流服务供应商提供有助其改善服务效率和效益的信息。

## 【拓展阅读】马云重组阿里巴巴：电商过时了？押宝七大板块

### 马云重组阿里巴巴：电商过时了？押宝七大板块

据亿邦动力网了解，这是马云近期鲜有的一次公开露面。值得注意的是，马云首次坦言，电商唱戏仅是当下，而未来则属于健康、影视、金融、本地服务、大数据等大产业。

为此，阿里巴巴也做出最新调整，将北京地区划分为阿里巴巴系的电子商务服务、蚂蚁金融服务、菜鸟物流服务、大数据云计算服务、广告服务、跨境贸易服务、前六个电子商务服务以外的互联网服务这七大板块。

马云直言，未来阿里巴巴要完成再增加7.6万亿GMV（2014年GMV为2.4万亿），依靠5万名员工共同努力和海内外市场的突破。

“我是故意不把你们（高德、UC、影业）放进去的，我们必须为未来十年以后，世界、中国需要各种各样基于数据的服务做好准备，因为这几年是我们唱戏，未来几年，可能是五年、十年以后，是靠UC、高德、健康、影业，靠你们唱戏，所以我们是梯队作战体系。”马云说道。

据悉，此次大会在北京国家体育馆举行，包括董事局主席马云、副主席蔡崇信、CEO陆兆禧、CPO彭蕾在内的高管团队几乎悉数到京。

以下为马云发言的节选片段。

**片段一　阿里巴巴需要什么样的模式来适应未来的发展**

我们如何建立一个强大的公司管理、运营系统，能够让大家得到足够的支持。中国企业管理全球这样的办事处乃至全国的办事处都比较缺乏经验，我们并不觉得我们应该像工厂一样去管理，我们也并不觉得我们应该像国有企业一样去管理，我认为现在很多跨国企业的管理模式也不对，到底什么才是这个时期我们需要的一种管理模式，一种组织模式，一种文化模式，来适应我们未来的发展？

**片段二　阿里巴巴未来十年要做七大业务板块**

所以基于这样的思考，阿里巴巴这几年依旧会坚持创造未来。未来十年，我觉得我们希望能够帮助1000万家企业使用好我们以下的几个服务。

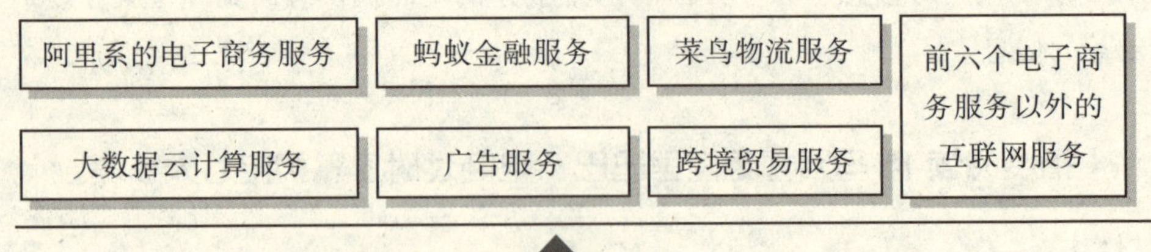

阿里未来十年要做七大业务板块图

**片段三　建立一个基于信用和大数据的互联网金融体系**

金融，我们知道在整个互联网金融中，最主要的是基于数据，基于信用体系。我们希望十年以后的中小企业再也不会因为贷不到款而让自己的公司破产。所以我们这几年的努力，就是建立了一个基于信用和大数据的互联网金融体系，去支撑未来中国乃至全世界中小企业的服务体系。

**片段四　72小时货运必达需要解决的问题**

我们要解决的问题不是今天的3000万只包裹，我们解决的问题是10年以后，每天3亿只包裹，我们应该怎么送出去？我们如何能够做到全中国任何地区上网购物，24小时内送达？如何在全世界绝大部分的国家和地区，72小时货运必达？这是我们要解决的问题。

大数据、云计算，我们所有的人都在思考一个问题，中国为什么缺乏创新？其实创新是要有基础设施的，没有基础设施，创新当然离不开教育，但是未来的创新必须离不开数据，有了数据以后，世界才会变成创新、创意和创造。

**片段五　把互联网技术变成一种普惠的技术**

以IT、数据、互联网的革命，彻底释放了人的脑袋，我们追求的是智慧，50年以后什么样的商业组织是最佳的？我相信已经不是一个简简单单的工厂，不是一个简简单单的公司可以做，而是一种新的可能平台式的企业，这个平台式的企业承担了社会的责任，让这个世界的商业更加透明，更加开放，更加懂得分享，更加有担当的精神。所以人类在经过了20年的互联网发展，未来的30年是我们真正开始进入了一个技术的时代，互联网企业要想活得好，活得久，活得长，活得健康，必须把互联网技术变成一种普惠的技术，把我们的云计算、大数据，把电商，把我们所拥有的一切技术，换成为一种普惠的技术，让人类社会发生变化，让中国社会发生变化。

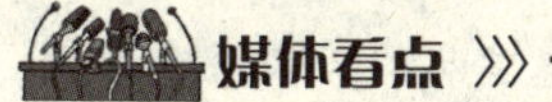

**媒体看点》》**

**本届CeBIT中国唱主角，马云作为唯一企业家代表做主旨演讲**

2015年3月15日消息，全球瞩目的汉诺威消费电子、信息及通信博览会

（CeBIT）在德国开幕。中国科技力量成为这次展会的最大亮点。阿里巴巴创始人马云作为唯一一位受邀在开幕式上演讲的企业家，代表全球企业家发言，与国务院副总理马凯、德国总理默克尔一同启动展会开幕。以阿里巴巴为首的600多家中国企业参与这场科技盛会。

CeBIT展会开幕式上的企业家主旨演讲传统上邀请西方企业领袖，此前嘉宾包括大众汽车公司CEO文德恩、空中客车集团CEO恩德斯、谷歌公司董事长施密特。今年，这个位置留给了马云。据悉，阿里巴巴也成为本届展会最中央的6号展厅主宾。

据介绍，CeBIT开幕式的业界主旨演讲嘉宾是由CeBIT全球顾问委员会投票选出来的。马云之所以能够当选业界主旨发言嘉宾，与中国科技力量崛起和阿里巴巴在电子商务领域的成功有很大关系。汉诺威展览公司董事局成员Oliver Fresc表示："中国作为伙伴国家，带来了CeBIT历史上最大最强的展示团队，而马云的出席将成为CeBIT2015成功举办的良好开端。"

汉诺威中国厂商奏响主旋律，也背靠中国这个最大智能手机和互联网用户市场的强大需求。德国已经是中国在欧洲的最大贸易伙伴，德国品牌历来深受中国消费者喜爱，目前在天猫有多达350个德国品牌，主要分布在服饰、大家电、厨房用品，多个品牌2014年销售同比增10倍。德国本土连锁超市Inferno也已入驻天猫国际。而"工业4.0"及物联网概念蓬勃发展，也让中德企业增加了IT领域合作

的机遇，马云此前演讲中表示，如果现在再让他创业，物联网会是投身的领域，他旗下的阿里云正在中国扩张这个市场。

飞抵德国的马云发微博说，13年前，也是来德国参加会议并演讲，当时近千人的大会场里零零落落地坐了几个听众。失落、失望和尴尬之下，有同事提议取消演讲，但马云觉得“任何事物被接受都有个过程”，于是坚持做了演讲。“十多年过去了，我特别感谢那几个听众，他们鼓励我的眼神和掌声伴我走了那么久……”马云说。

全球媒体也注意到了阿里巴巴等中国企业吹来的“中国旋风”，法新社指出：“中国以前是硬件，手机和PC的零部件供应商，而今天阿里、华为等中国企业已经成为世界领袖，这是数字化浪潮的东移。”德国媒体报道，中国企业今年占据了展厅最核心的位置上，去年是大众，前年是空中巴士，再前年是谷歌，现在，最中央的6号展厅主宾是阿里巴巴。据介绍，本届CeBIT展会，阿里巴巴展示了其领先的云计算和大数据技术。

汉诺威IT展被誉为“数字领域的心脏”，本届展会以“数字经济”为主题，中国本次成为历届最大、最强的合作伙伴国，带来了史上阵容最豪华的参展团——展会的中国企业数量高达600多家，创历史新高。届时，中国在6号馆设立展区，阿里巴巴、华为、中兴、海尔等知名企业集中展示中国IT和通信行业在研发、生产和服务等领域的最新成果。

**媒体看点 》》**

## 马云讲了什么？未来由数据驱动

2015年3月15日，汉诺威IT博览会（CeBIT）在德国开幕，阿里巴巴创始人马云不仅作为唯一受邀的企业家代表，展会的主题为“数字经济”，马云的演讲也从这个话题开始。马云认为，与其说数字经济，不如说是数据经济。未来30年，因为数据经济，人类社会将会真正进入巨大的变革时代。“未来的世界，我们将不再由石油驱动，而是由数据驱动；生意将是C2B而不是B2C，用户改变企业，而不是企业向用户出售——因为我们将有大量的数据；制造商必须个性化，否则他们将非常困难。”

马云相信，未来的世界，企业将不再会关注于规模、标准化和权力，只会关注于灵活性、敏捷性、个性化和用户友好。而一家互联网公司要想活得长久，必须找到一个方式让互联网经济和实体经济相结合，这个方式就是数据。

马云还强调，改变世界的不是技术，而是技术背后的梦想。“如果是科技改变了世界，我不会在这儿，我没有被训练成一个科技专家，我对电脑一无所知，我对互联网也了解得不多。但是我有一个强大的梦想，我要帮助中小企业。”他说道。

【拓展阅读】 什么是CeBIT

### 什么是CeBIT

CeBIT是世界最大的ICT国际顶级盛会，全面展示数字IT、家庭及办公通信解决方案领域的创新成果，主要目标群体是来自工业、批发及零售、贸易、银行、服务业、政府机构、科研单位的用户和所有技术爱好者。自1986年起，CeBIT在每年的春天由德国汉诺威展览公司举办，为发布最新行业发展趋势及网络化成果和展示创新产品及技术提供了绝佳的国际平台。2005年，CeBIT吸引了来自世界约70个国家的6200家展商，共480000名观众前来参观。2006年，CeBIT以“工作及生活中的数字解决方案”为主题，带领用户体验整个数字世界创造的无限激情与可能。

# 第三章
# 阿里巴巴，全球领先的采购平台B2B模式

**导言：**

马云曾说过：“在中国，做电子商务的人必须站起来走路，而不能老是手拉手，老是手拉着手要完蛋。我是说阿里巴巴发现了金矿，那我们绝对不自己去挖，我们希望别人去挖，他挖了金矿给我一块就可以了。”而这句话也成了阿里巴巴的准则。

# 第一节　阿里巴巴1688

## 为什么命名为阿里巴巴

阿里巴巴的主要创始人马云觉得世界各地的人士都知道有关“阿里巴巴”的故事，而且大部分语言都存在类似的读音。电子商务是一门全球化的生意，所以阿里巴巴也需要一个全球人士都熟悉的名字，因而将公司命名为阿里巴巴。阿里巴巴意谓“芝麻开门”，喻意阿里巴巴的平台为小企业开启财富之门。

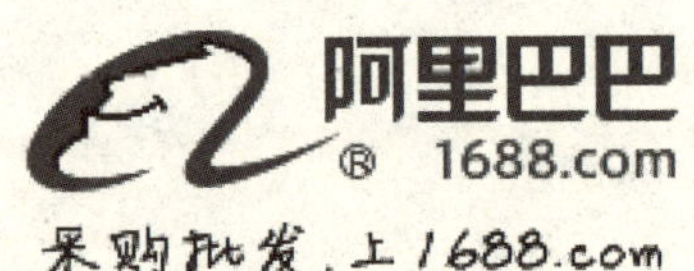


## 阿里巴巴的核心业务有哪些

阿里巴巴集团及其关联公司经营着一个让网上和移动商务参与者可通过互联网扩展业务并有效满足消费者需求的生态系统，即阿里巴巴集团建立了一系列包括零售和批发贸易、网上支付、云计算等基于互联网的业务。

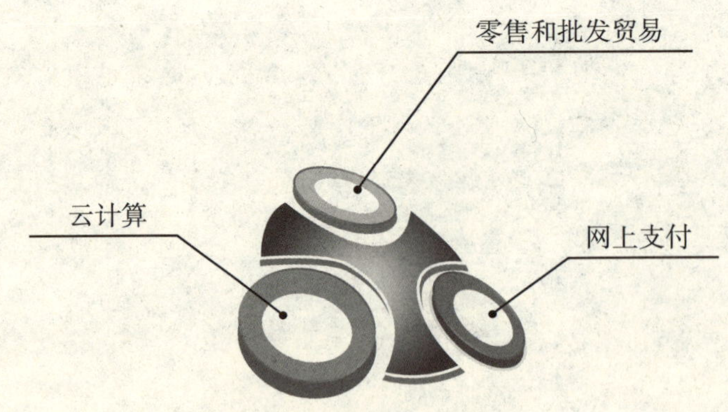


阿里巴巴的核心业务图

## 阿里巴巴的客户有哪些

阿里巴巴的客户包括其交易市场上的买家和卖家，他们在该平台上寻找对方、彼此选择并达成交易。阿里巴巴也向不同类型的客户提供云计算服务，这些客户包括在阿里巴巴的交易市场上经营业务的商家、系统集成商、移动客户端开发商及数字娱乐公司。

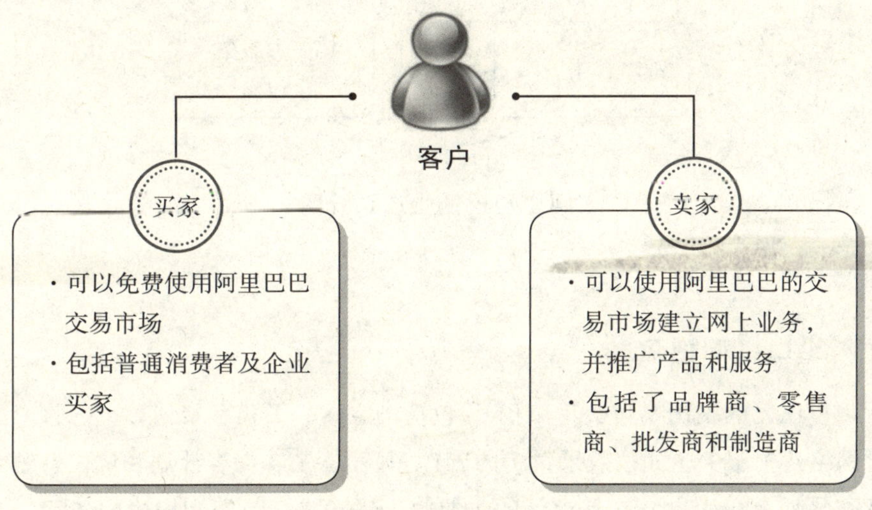


阿里巴巴的客户图

## 阿里巴巴的生态系统

阿里巴巴业务包括买家、卖家、第三方服务供应商、战略合作伙伴以及接受阿里巴巴投资的公司在内的生态系统，围绕阿里巴巴的平台已经慢慢形成。连接买家和卖家并让他们随时随地做生意的阿里巴巴的平台是这个生态系统的核心。阿里巴巴管理者认为维持这个生态系统的发展是阿里巴巴的责任，因此阿里巴巴称它为“我们的生态系统”。

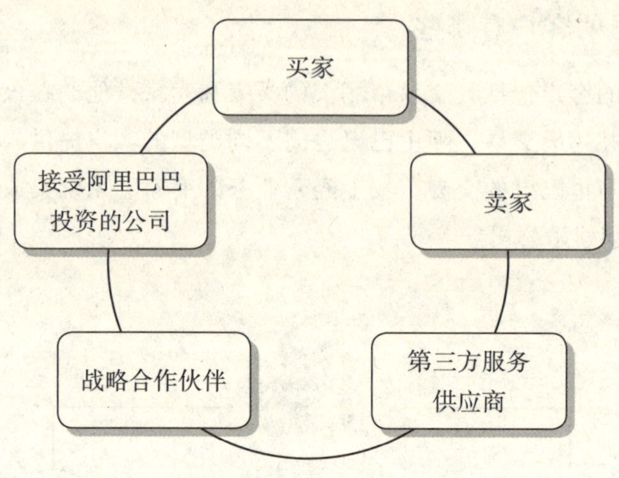


阿里巴巴的生态系统图

## 阿里巴巴如何盈利

阿里巴巴的中国零售交易市场（包括淘宝网、天猫和聚划算）的收入主要来自网络营销服务（如按效果付费的P4P、显示营销、淘客计划和坑位营销），以及交易佣金，而批发交易市场的主要收入来源是会员费和增值服务费。在云计算和互联网基础设施服务方面，阿里巴巴有按时间及使用量的收费服务。

## 阿里巴巴如何增长业务

阿里巴巴采用的增长策略主要表现在六个方面，如下图所示。

策略一　增加交易市场活跃买家数，并提升现有买家的网上消费水平

策略二　发展和推广更多的产品及服务，增加产品类目及服务种类

策略三　扩大移动业务的领导地位，令移动服务成为我们客户日常生活的中心

策略四 在更大的基础上，帮助我们平台上的卖家成功

策略五 提升数据和云计算服务的能力

策略六 发展跨境商务机会

阿里巴巴的增长策略图

### 什么是P4P营销服务

P4P，即Pay for Performance，是阿里巴巴提供给平台卖家的营销服务中的一种。卖家可对自己的产品或服务相关的关键词进行竞价购买，使产品或服务出现在搜索或浏览结果页面。关键词的价格通过网上竞价系统由市场力量决定，而卖家需要按效果付费。阿里巴巴平台及其第三方网站联盟均提供P4P营销服务。

## 第二节 中小企业的希望与生机

阿里巴巴是从服务中小企业起家的，为中小企业的B2B提供服务平台，是当今国际最大的B2B交易平台，使中小企业在竞争上更有优势，成本最低化、利润最大化。此后，阿里巴巴又为中小企业和个人提供了B2C和C2C的服务平台，阿里巴巴建立起来的中小企业数据库和信用记录是国内最丰富的。

阿里巴巴小额贷款公司是小额网络信用贷款这一金融试验的产物，它是一种优化组合的网上微型金融模式，以电子商务的行为数据为信用依据，为中小网商提供小额网络信用贷款服务。

## 中小企业应用电子商务面临的问题

从近年来中小企业应用电子商务的情况来看，他们主要面临机遇和挑战两方面的问题，如下图所示。

机遇

电子商务先进的技术和开放式的环境使市场结构不断发生变化，中小企业可以随时掌握市场和顾客需求、缩短业务运转时间、降低业务处理差错、降低贸易管理成本和库存成本、改善服务质量、加快资金流动，从而提高了企业的经济效益

由于中小企业的人力、物力、财力、信息技术等实力比较弱，中小企业开展电子商务所付出的代价会大一些，成本也会更高一些

中小企业应用电子商务面临的问题图

## 阿里巴巴为中小企业带来了什么

为了解决中小企业面临的问题，阿里巴巴主要做了几件事，如下图所示。

阿里巴巴为中小企业提供电子商务信用融资服务

阿里巴巴为中小企业提供数据、信息和计算服务

阿里巴巴旗下的淘宝网实施消费者保障服务

阿里巴巴为中小企业完善电子商务物流和支付体系

阿里巴巴为中小企业带来了什么图

## 阿里巴巴为中小企业提供电子商务信用融资服务

从2007年开始，阿里巴巴集团与中国建设银行、中国工商银行等多家金融机构进行合作，推出了电子商务信用融资服务。与传统的融资服务相比，电子商务信用融资服务模式的创新之处体现在几个方面，如下图所示。

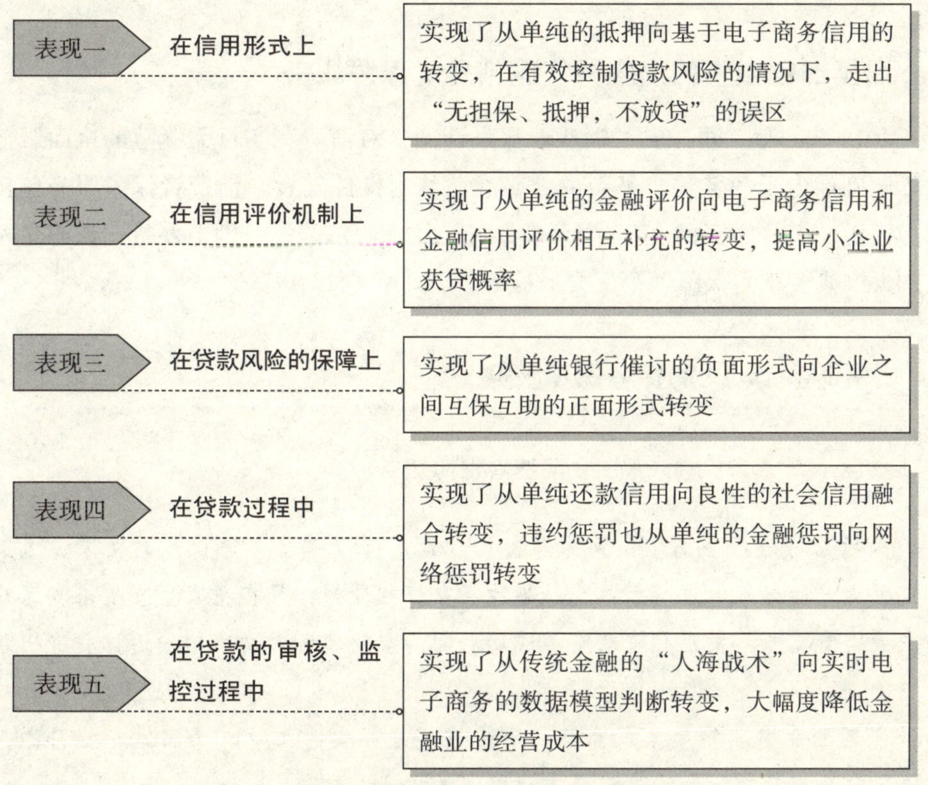


阿里巴巴信用融资服务的表现图

## 阿里巴巴为中小企业提供数据、信息和计算服务

2011年5月25日，阿里巴巴宣布推出数据门户。推出的数据门户根据其平台中小企业用户的搜索、询单、交易等电子商务行为进行数据分析和挖掘，打造了一个免费、开放、分享的互联网数据平台，为中小企业以及电子商务从业人

士等第三方提供便捷、丰富、专业的综合数据服务。

阿里云计算公司是阿里巴巴旗下的一家专业从事云计算产业的公司，也是全国唯一一家以独立公司的形式运作云计算的企业。阿里云计算公司是全国最大的互联网数据分享的第一平台，是以数据为中心的先进云计算服务公司，为广大企业尤其是数千万的中小企业提供专业的信息服务。

## 阿里巴巴旗下的淘宝网实施消费者保障服务

2011年，淘宝网开展了消费者保障计划，对消费者实行无缝隙的全面服务保障，确保电子商务零售平台的健康、清洁、良性发展。消费者保障服务包括先行赔付、商品如实描述、7天无理由退换货、假一赔三、闪电发货、数码与家电30天维修、正品保障、第三方质检等。

### 【拓展阅读】 消费者保障服务

#### 消费者保障服务

先行赔付是指当淘宝网买家与签订“消费者保障服务协议”的卖家通过支付宝服务进行交易后，若因该交易导致买家权益受损，且在买家直接要求卖家处理未果的情况下，买家有权在交易成功后向淘宝发起针对卖家的投诉，并提出赔付申请。

商品如实描述指卖家对商品的有效描述是如实的，是与商品本身相符的，没有不符合商品实际的描述以及言过其实的描述。

7天无理由退换货是指用户使用淘宝提供的技术支持及服务向其买家提供的特别售后服务，允许买家按本规范及淘宝网其他公示规范的规定对其已购特定商品进行退换货。

假一赔三指用户使用淘宝提供的技术支持及服务向其买家提供的特别售后服务，允许买家按本规范及淘宝网其他公示规范的规定对已购得的商品认定为假货的前提下，要求卖家3倍赔偿。

数码与家电30天维修是指在淘宝网的买家使用支付宝服务，购买接受本规范的卖家销售的下列商品的交易成功后30天内，卖家应向买家无条件提供免费维修服务。

第三方质检指卖家在承诺消费者保障服务的基础上，根据店铺主营类目自愿选择向买家提供的特色服务之一。

## 阿里巴巴为中小企业完善电子商务物流和支付体系

物流一直是电子商务企业的一个难题，为了完善电子商务物流体系，2011年4月26日，阿里巴巴与浙江省邮政物流速递有限公司签署了合作协议，双方将构建全球领先的电子商务物流服务，为阿里巴巴的中小企业客户在浙江口岸提供优质、高效的仓储和配送等快递物流服务。双方合作的第一步，是为阿里巴巴旗下的全球速卖通的客户提供国际快递物流服务。双方还计划在杭州建立仓储中心，并设计仓储物流系统对接方案，逐步建立端对端的供应链解决方案，为阿里巴巴的客户提供更匹配的供应链物流解决方案。

阿里巴巴为了完善电子商支付体系，在2011年，阿里巴巴就与中信银行签署了全面战略合作协议，双方达成了多项金融服务领域的创新共识，在银行卡快捷支付、信用卡代授及分期付款、中小企业网络融资等领域展开合作，为中小企业提供更丰富的融资渠道。同年5月10日，阿里巴巴还与交通银行全面达成了战略合作，双方在快捷支付、手机支付、中小企业网络融资等众多方面开展了合作，并在业内首创银行网络旗舰店运营模式。交通银行信用卡与支付宝合作推出的“快捷支付”业务成为战略合作中各方关注的重点。

### 阿里巴巴服务下沉深度掘金中小企业

阿里巴巴的文化衫上写着两句话“梦想还是要有的”“万一实现了呢”写出了电商人共同的心声。

阿里巴巴集团旗下1688、淘宝网（C店）、天猫是电商人主要的掘金梦工场，制造企业批量出货给C店进行线上零售，在天猫开办品牌旗舰店，而1688成为批发交易的大卖场。随着阿里巴巴集团IPO完成，引发电商人极大的掘金信心，一方面加速完善线上营销渠道，另一方面增大线下研发与生产。

商业都是相通的，阿里巴巴集团的上市正意味着中小企业转型升级迎来一个大好机遇。在广货网上行品牌活动第二届顺德电商大会现场，关于阿里巴巴集团旗下1688网站的B2B业务引起了与会者的关注。1688前身是阿里巴巴中国交易市场，主要是中小企业电商信息平台，而这几年成功转型为中小企业批发交易平台，并服务下沉至地方，成为中小企业触电转型的推动者。

---

**媒体看点》》**

### 1688打造“学习型”电商平台

作为1688平台的用户与其盟友经常会进行在线沟通和交流，在他们看来，每一个电商企业都有值得学习的地方，互动能够更加及时地获取更多的商业信息，这对于企业营销策略的调整至关重要，很多中小企业管理者认为在电商领域，慢一步就很难再赶上了。

商盟是1688平台上聚集同一类别或同一区域企业的线上组织机构，除了进行交流外，商盟还可根据自身企业的发展需求，向1688平台提交营销活动申请，商盟定期举办商会，1688则会根据活动的情况安排专人到场做培训。

从目前中小企业触网的成功经验来看，能够在1688线上交易平台上发展起来的商家，都是爱学习的商家，除了商盟外，1688还设立1688商学院、商人社区、商友圈等线上机构，希望借助各种平台，将成功商家的案例传播出去，商家抱团发展，即有利于各自品牌的树立。

对于交易上规模的企业，1688会将其确定为核心商家，会有一定的鼓励和支持，但无论是线上还是线下都不会刻意扶持哪一家企业。面对竞争，1688会给核心企业以建议和意见，但需要企业自己应对，1688平台在其中的角色是尽力创造好的市场发展环境和规则，让优秀的商家发展得更好。

---

## 枯木逢春，1688转型释放商机

广东佛山顺德区的××电器是尝到1688转型“头啖汤”的企业之一。从2012年开始，以B2B交易信息展示为主要功能的1688开始向B2B在线交易平台转型，接踵而至的便是针对不同类别企业的促销活动，在逐步摸索出运营模式的同时，通过1688商学院、核心商家群等为进驻平台的企业提供帮助，更主动将服务“下沉”到企业所在地，进一步开拓市场。

从信息平台到交易平台，这种转变给市场带来强烈的信号：从信息发布到在线交易，这意味着中小企业不只是依赖于C店的小众分销，也不一定要花重金布局天猫获得流量，1688一举解决了上述两个困扰，成为中小企业在线交易的大好商机。

中小企业是1688和阿里巴巴国际交易市场的核心客户，帮助中小企业成功实现电商梦，并最大限度地利用好线上渠道，把好的产品远销国内外。拥有成千上万中小制造企业的佛山是1688服务的主要目标区域，通过几年的培育，目前已经形成了一批活跃品牌，成为线上交易的新生力量。

以经营净水器为主的××电器为例，2012年前，曾用心布阵C店和天猫，但除了引起同行关注和花费不少流量费之外，并未取得理想的业绩。转机就在阿里巴巴将1688服务下沉到地方后，××电器以尝试者的身份成功在1688批发交易平台获得一席之地。在2014年的“1688平台‘9·4’大促”，××当天交易达50万元，这家名不见经传的小微企业，生存不是问题，谋求的是更大的发展之路。

## 培育土壤，平台成就创业者梦想

作为家电之都的顺德，中小微企业数量之多让外界惊讶，而这批创业型企业中哪一家会成为新的家电领军品牌呢?

以××电器为例！走进××电器的工厂，精美的水龙头净水器正在紧张加工，这种产品远销东南亚，受到当地用户的欢迎，这对于××电器的管理者而言就像梦想照进现实，创业干劲更足了。

从整个电商大环境来看，大家对于互联网、电商、移动互联等的观念都比以前成熟很多，前两年吸引企业上线，要从互联网开始聊起，现在大多数的商家对电商都有了解，这对很多电商平台来说，发展的土壤变得更好了，越来越多的中小微企业也在1688这样的B类平台找到了适合自己的创业路径。经过几年的发展，1688的营运模式跟淘宝、天猫是相似的，商家可以通过支付宝在线完成交易，经过前几年的积累，目前线上已聚集了相当数量的中小企业会员。

为了配合电商大趋势和企业触网的现状，2014年1688尝试了一些新的商业形式，比如尝试O2O线上线下互动的营销活动。因为从经营模式上分析，虽然电商现在很普及，但是B类交易还是有很多企业需要先相互了解，集中展现的场景设立，有助于企业更直接地跟市场对接，大促销便是集中化场景的最直接表现方式，不管是线上还是线下。

针对一些像××电器之类的需求上升的企业，1688推出了更符合他们需求的新产品，比如帮其在线上开拓代理的渠道，通过分成商家去进行市场开拓。

2014年6月，1688推出代理加盟平台，××电器就通过这个平台，制定了代理商加盟管理体系及价格管控体系，在短短的3个月时间里，成功招募到693名线上及线下的代理商，通过对代理商的培训和辅导，这些代理商将成为××电器品牌的传播者。

基于1688平台主要栏目的运营特色及这些栏目的客户特点，××电器重新调整经营策略，近半年的数据统计，××电器的询盘转化率要远远高于其他的家电同行商家。

“有好的营销平台，也必须要有好的产品才能产生好的效益。”××电器的高层表示，××电器在产品研发方面也是下足了功夫，从产品的外观、用料到功能，都竭尽全力做到与同行的差异化，在2014年的各大促销活动中，都举行了新品发布会。

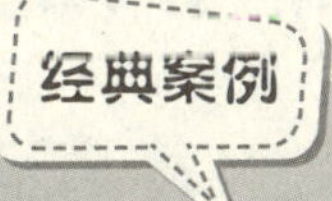


### 从“新手”到“旗手”，××电器成功开拓1688家用净水器市场

2012年年初，××开通了1688诚信通账号销售××品牌的家用净水器。原以为凭借产品过硬的质量、实惠的价格，肯定会受到消费者的热捧，但事与愿违。店铺上线后，由于不懂做产品描述，也不懂得去参加1688的官方活动，更不懂得如何配合1688的宣传引流，一直到2012年年底，线上生意不见起色，××电器管理者开始觉得1688是“鸡肋”平台。

就在××电器准备放弃在1688的投入时，转机出现了——2013年3月21日，××电器CF200龙头净水器被上海一家礼品公司看中，采购了2000台，总价值近10万元。当年的“3·21”促销活动带来了巨大的流量，也造就了店铺日总成交金额首次突破15万元。意外的订单让××电器意识到参加1688活动的重要性。“活动前做好充分的准备，活动期间配合平台的营销，这是低投入、高回报的营销途径。”尝到促销活动甜头的××电器管理者就在当年的7月，毫不犹豫地交了1.5万元的保证金，正式进驻1688推出的电器城项目，成为第一批得到1688流量支持的商家。

经历了大促销活动的意外收获，以后在1688推出的所有大促销活动中，××电器都会早早做好规划，针对活动推出的“一分钱拿样”“伙拼”“明星惠”和“企业集采”等多个专场，××结合现有的产品，一一做了详细布局，并全力配合1688的宣传引流。

在1688推出的所有大促销活动里，××电器商品展现次数突破了N次，当天成交金额更是次次突破销售大关，一次次刷新了××开通诚信通店铺单日成交额的最高纪录。1688推出的大促销活动，让××电器铁定了跟随1688这个平台发展的决心，并立即调整了思路，将公司的主要资源向1688平台倾斜。2014年，××电器把1688平台提升到了战略营销渠道的高度，集中公司优势资源，全力开拓1688的市场份额。

### 推进农村电子商务发展，形成“沙集模式”

江苏省睢宁县沙集镇的农民通过开网店改变了命运。沙集镇网店的年销售额超过3亿元，并且带动了上下游多个产业的新产业链的诞生和成长，形成了“沙集模式”。

“沙集模式”具有农民网商自发式产生、裂变式成长、包容性发展三大特点。自发式产生，指沙集农民创办的网店销售及加工业从产生、发展到壮大，基本是依靠当地农民自组织的力量，自发式的萌芽和成长。裂变式成长，指从2006年东风村的第一个农民网商出现，到现在全沙集镇600户网商和1000余家网店互帮、互带的快速复制，带动整个家具产业链从无到有达到年销售额3亿元的迅猛普及发展的过程。包容性增长一方面指当地农民能够和城里人一样享受数字经济带来的便捷和商业机会，另一方面也指村里的男女老少都能够参与到网店销售和加工的火热局面。

电子商务增加了农民收入，促进了社会和谐。沙集镇农民网销家具的平均利润率约18%，如果按年销售额5亿元计算，网商的利润将达到9000万元，没有加工厂的普通网店平均每月利润也可达到2000元左右，从事网店客服工作的雇工，每月的平均工资收入也都在2000元以上。网店生意的红火吸引了众多外出打工农民和大学生返乡创业或就业，农村“留守”问题迎刃而解。

## 【拓展阅读】阿里巴巴到底能不能“帮”得了中小企业

### 阿里巴巴到底能不能“帮”得了中小企业

在阿里巴巴的问题大全里，有网友提出了“阿里巴巴到底能不能‘帮’得了中小企业”这个问题，这可谓是一石激起千层浪，引起了各位网友的回应，各抒己见，下面节选其中一位网友给出的答案，此答案被认为是最满意、最中肯的答案了。

**一、阿里巴巴这个平台很好**

这个问题是所有站内站外的亲们，在加入阿里诚信通之前后，最关注的核心问题。其实，我们从不怀疑阿里这个平台好不好。因为阿里的使命是：“让天下没有难做的生意。”这个使命的背后是承载着伟大的责任和爱……既然阿里能创造如此辉煌的业绩，肯定就能成就了足够多的阿里商人。

**二、市场的健康发展是需要每个人共同努力维护出来的**

阿里巴巴的搜索引擎确实有严重打价格战的现象，确实是有误导市场行情的现象，但是我个人认为，坚持原则，坚定自己的立场很重要，市场的健康发展是需要每个人共同努力维护出来的。违背了规则的事情就要STOP，静默中自我磨炼成长。我们坚定的信念是：我为人人，人人为我。能更多地从商家和消费者角度创造更多价值的生意，赚钱是水到渠成的！

**三、创业者成功与否取决于心态**

淘宝诞生之后，确实是给大家带来了便利，同时也给传统行业带来了巨大的冲击。现在的淘宝市场是否能健康发展靠的是人心，靠的是人人从自我做起，做个有责任心、有良知的网商。相信这个平台上大多数是经营者，创业者成功与否取决于心态。任何抵触、抱怨和对抗变化的不理性行为都是不成熟的表现，很多时候还会付出很大的代价。因为你不动，别人在动！这个世界成功的人是少数，而这些人一定是在各种变革中找到机会，在危机中看到生机。

**四、阿里巴巴也在面对各种各样的挑战和变化**

贫富差距的产生，与经济的发展和社会的进步有关……我们在改变这个生态之前首先要改变自己的心态。这个极速变革的时代，我们的产业在变、我们的环境在变、我们自己在变、我们的对手也在变……我们周围的一切全在变化之中！面对各种不可控的变化，真正的创业者是必须要懂得用乐观和主动的心态去拥抱变化！都知道变化往往是痛苦的，但机会却往往在适应变化的痛苦中获得。阿里巴巴几乎每天要面对各种各样的挑战和变化……我们以前总是强迫自己去笑着面对并且立刻准备调整适应（低沉也是有的）。而今，我们不仅仅会乐观地应对一切变化，还要善于去了解变化、适应变化，并努力地学习拥抱变化、制造变化。

**五、阿里不仅是帮助中小企业，还是锦上添花**

回归到主题："阿里巴巴到底能不能帮到中小企业？"其实，在每个人的心中早就有答案了。阿里确实在帮助中小企业，但是能帮出怎样的结果取决于我们以怎样的心态拿多少的时间、精力、执行力与阿里同行奋进……当我足够好时，阿里只是锦上添花……如此而已！

**六、国内做得最好的电子商务网站就是阿里巴巴**

换个角度想，如果你是买家，那么你会喜欢这种模式：价格透明，可以货比三家，可以用低价格买到适合自己的产品，谁不喜欢？电子商务网站这么做只是为了吸引到买家，有买家我们商家才会有机会成交，相信入驻这些电子商务网站的企业老板们也都是冲着淘宝、阿里等这些网站的客户群来的吧，可以说在国内做得最好的电子商务网站就是阿里巴巴。既然选择阿里巴巴，应该想办法去适应它，规则就是这样。世上没有免费的午餐，阿里也是要赚钱盈利的，一些直通车什么的也只是人家的利润，阿里巴巴没利润我们怎么能有好的平台继续做生意呢？直通车、推广其实相当于实体店铺在城市里做的一些广告，比如在公交车上贴海报、公交车站牌挂灯报等等，都是需要花钱去投入的。再者说这个社会一直都是弱肉强食的，不论是在实体店铺还是在网络店铺。

**七、该怎么利用好这个平台**

不要太多地想哪个平台能帮助自己，而是要想自己该怎么利用好这个平台。

平台大，买家多，必然会带来更多的卖家，竞争也会更大，但是机会出来了，要做的有两件事：

（1）怎么让客户认知你：访问、询盘。

（2）怎么让客户认同你：成交。

对于第一点，要做的多，有很多人已经在生意经上分享过了。

对于第二点，也就是在提问中说的，某产品一搜，价格一个比一个低，但是价格那个就卖得最好吗？你是买家就会买最便宜的那个吗？很显然不是，所以多想想你的产品的卖点是什么，并尽可能差异化，售前服务不一样，售后更好？免费试用？定制化优势？小单优势？等等。

# 第四章 淘宝，阿里巴巴的大本营

**导言：**

淘宝网（www.taobao.com）创立于2003年5月，是注重多元化选择、价值和便利的中国消费者首选的网上购物平台，展示数以亿计的产品与服务信息，为消费者提供多个种类的产品和服务。

# 第一节　淘宝是个零售平台

淘宝网是亚太地区较大的网络零售商圈，由阿里巴巴集团在2003年5月10日投资创立。淘宝网现在业务跨越C2C（个人对个人）、B2C（商家对个人）两大部分。随着淘宝网规模的扩大和用户数量的增加，淘宝也从单一的C2C网络集市变成了包括C2C、团购、分销、拍卖等多种电子商务模式在内的综合性零售商圈，目前已经成为世界范围的电子商务交易平台之一。

淘宝网LOGO

## 消费者的交流社区和全球创意商品的集中地

淘宝网在很大程度上改变了传统的生产方式，也改变了人们的生活消费方式。不做冤大头、崇尚时尚和个性、开放擅于交流的心态以及理性的思维，成为淘宝网上崛起的“淘一代”的重要特征。

淘宝网不仅是中国深受欢迎的网络零售平台，也成为中国的消费者的交流社区和全球创意商品的集中地。

## 淘宝网引领的淘潮流时代已然来临

经过十几年的发展，如今的淘宝用一种特殊的气质影响并改变着淘宝上的消费者、商家的流行态度和风尚趋势。从淘便宜、淘方便到淘个性、淘潮流，潮流的气质影响着潮流的行为，潮流的平台揭示着潮流的趋势。

## 淘宝网有哪些优缺点

淘宝网属于C2C的电子商务模型，是消费者与消费者之间的交易，其优缺点如下图所示。

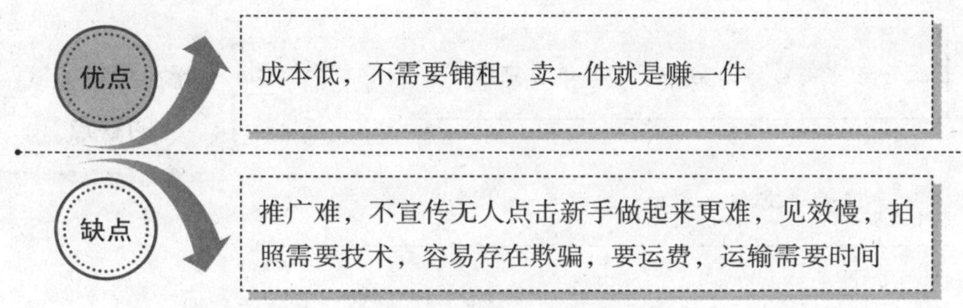


淘宝网的优缺点图

## 淘宝网有哪些经营模式

淘宝网店的经营模式有六个，如下图所示。

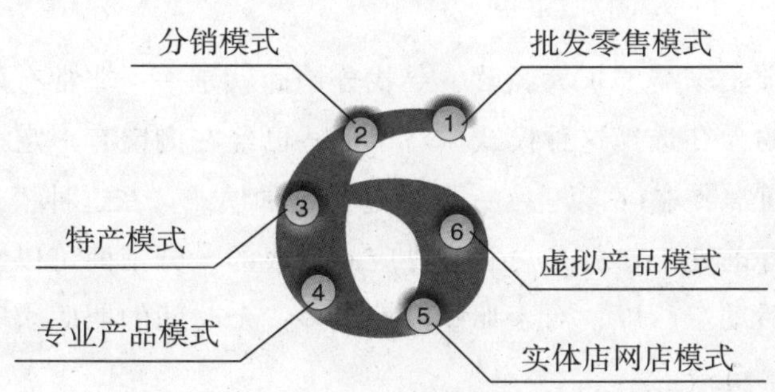


淘宝网的经营模式图

### 批发零售模式

这是最为经典的传统网店经营模式，目前大量的淘宝卖家也都选择了这种经营模式。对于那些新加入网络营销的人，这也是一个首选的经营模式。

它适合以下人群：生活在一线城市的年轻人，比如广州、深圳、上海、温州等，这些城市有很多各种类型的大型批发市场和工厂，比如深圳华强北的数码市场、义乌的小商品市场、广州白马服装市场、汕头的玩具厂，等等。

这种经营模式存在一定的缺点，如下图所示。

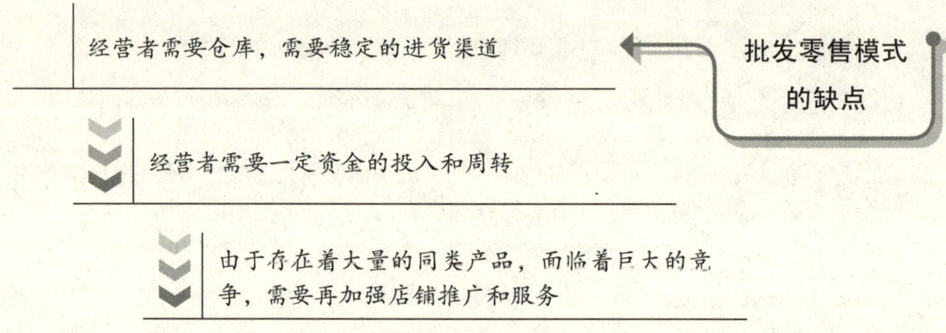


批发零售模式的缺点图

阿里巴巴网上进货渠道的建立使得更多的人能够从网上批发产品再到淘宝网上零售，这种模式也是批发零售模式的一种延伸。

## 分销模式

成功的淘宝卖家需要扩大经营，寻找分销商就是一个非常有效的方式，目前有越来越多的人在选择这种模式。对于那些已经在淘宝有一定经验和信誉的卖家（供应商通常要求1钻以上），可以选择这种模式。在这种模式下，产品推广、商品文案等前期工作都是总店或供应商完成的，分销商可以专注于做店铺的推广和促销活动。所以，对于那些没有太多业余时间的兼职卖家，这是一个不错的店铺经营模式。

这种经营模式的优缺点如下图所示。

由于存在着大量的同类产品，面临着巨大的竞争，需要再加强店铺推广和服务

供应商会要求出货量，而出货的量和进货价格直接相关

若没有达到供应商的要求，可能会被取消分销的资格

除了面临行业竞争，还要和成交量及信誉等级更高的总店竞争

分销模式的优缺点图

## 特产模式

特产模式就是指利用当地特产在淘宝网上销售，这样能够吸引很多忠实的买家。这种模式对于大多数人可行性不高。

特产模式的优缺点如下图所示。

成功率非常高。由于特产由原产地通过淘宝店直接销售到全国各地的买家，减少中间渠道，利润更高

需要稳定的货源，需要有竞争性的价格，需要一定的仓储能力

特产模式的优缺点图

## 专业产品模式

专业产品模式适合发烧友或某个行业的专家。很多专业人士就是通过这种模式开始自己的淘宝生涯的。

成本依赖于产品所属领域，比如某些收藏品就非常贵。这种模式利润不错，成功的概率也是很高的。

### 实体店网店模式

这种模式当然只适合那些已经有实体店的商家。通过网络营销能够降低库存，拓宽区域市场，从而驱动产品的销售量。比如，你在北京拥有一家服装实体店，由于夏季即将过去，还有部分夏装积压在仓库，这个时候网店就能够发挥巨大作用，因为南方的气温还很高，那些地区的买家仍然有购买夏装的需求。

这种模式的优点在于网店的成本低于实体店，基于实体店的操作经验，在淘宝网很容易成功地销售自己的产品。

### 虚拟产品模式

淘宝网有很多虚拟产品店铺，比如Q币、话费充值服务、软件，等等。

这种模式优缺点如下图所示。

（1）进入门槛低、成本低、店铺容易打理
（2）不需要发货，成交快速
（3）很容易在短期内做到一定的成交量和信誉等级

淘宝官方对于这类店铺限制较多，如很多推广活动都明确不让这类店铺参加，所以，这种模式很难取得较高的利润

虚拟产品模式的优缺点图

## 淘宝网站有哪些特色

淘宝网的成功肯定有它的经营特色之道，那它的特色有哪些呢？如下页图所示。

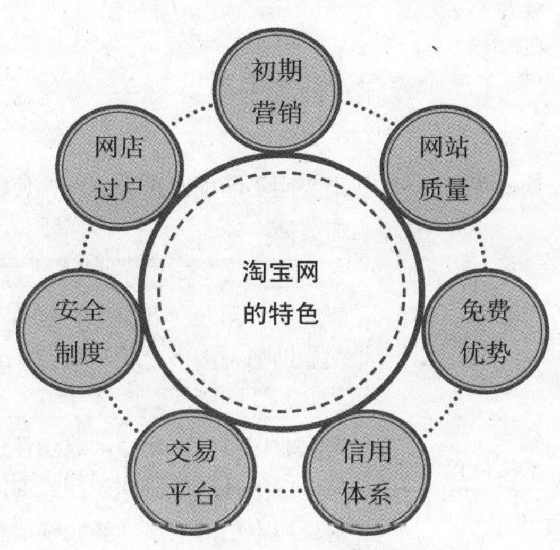


淘宝网的特色图

## 特色一　初期营销

主要表现在三个方面，如下图所示。

“农村包围城市”

淘宝网将广告放到一些中小型网站和个人网站上，通过广告宣传，让广大消费者了解

与MSN等门户网站联盟

由于人们对淘宝网的看法已经发生了很大的转变，因此，淘宝网开始组建战略联盟

利用传媒做市场宣传

从2004年的北京国际广播电视周开始，淘宝网利用热卖的贺岁片提高了其知名度，并把道具拿到网上拍卖

初期营销的表现图

## 特色二　网站质量

网站质量主要表现在三个方面，如下图所示。

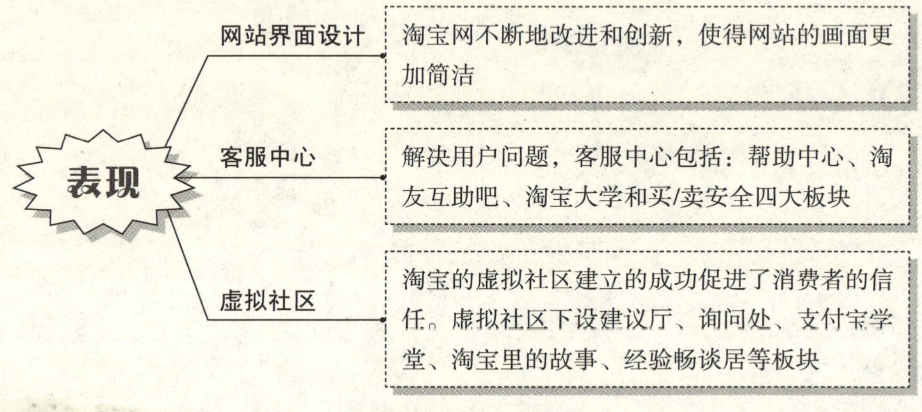


网站质量的表现图

## 特色三　免费优势

从2003年7月成功推出之时，淘宝网就以3年“免费”为噱头迅速打开中国C2C市场，并在短短的3年时间内，代替eBay易趣登上中国C2C头把交椅。

## 特色四　信用体系

淘宝网信用体系特色表现在两个方面，如下图所示。

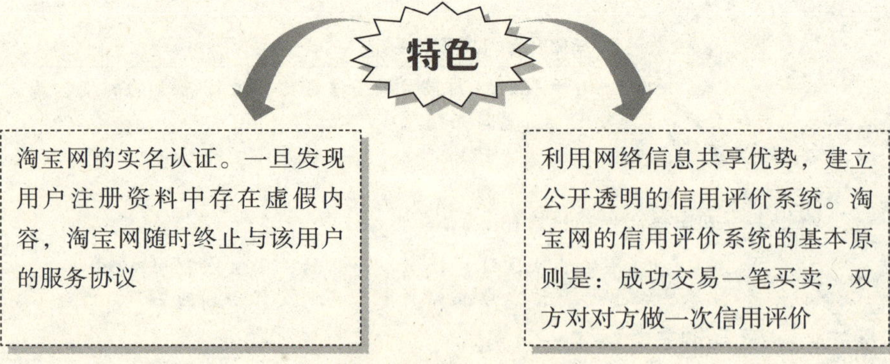


信用体系特色图

### 特色五　交易平台

为了解决C2C网站支付的难题，淘宝打造了“支付宝服务”技术平台。它是由浙江支付宝网络科技有限公司与公安部门联合推出的一项身份识别服务。支付宝的推出，解决了买家对于先付钱而得不到所购买的产品或得到的是与卖家在网上的声明不一致的劣质产品的担忧；同时也解决了卖家对于先发货而得不到钱的担忧。

### 特色六　安全制度

淘宝网非常注重诚信安全方面的建设，故引入了实名认证制，并区分了个人用户与商家用户认证，两种认证需要提交的资料是不一样的，个人用户认证只需提供身份证明，商家认证还需提供营业执照，一个人不能同时申请两种认证。

### 特色七　网店过户

从淘宝网获悉：“网店过户”线上入口2013年7月24日正式开放，这意味着将来网店经营者只要满足一些必要条件，即可向平台提出“过户”申请；过户后网店信誉保持不变，所有经营性的行为都会统一被保留。同时，淘宝对店铺过户双方也有一定的约束，如原店铺参加签署的各类服务协议，过户后一并承接。

## 淘宝试水无人机配送

2015年2月4日，北京地区的第一单淘宝无人机订单产生，是价值49元的红糖姜茶。在被工作人员设定好GPS导航线路后，装载着商品的无人机YTO-X650从圆通的通州派件网点起飞，到达目的地梨园云景南大街，在这里有圆通快递员等待无人机降落，整个过程用时37分钟。

这次无人机配送只是想做一次活动，无人机是圆通快递提供的，淘宝目前没有无人机配送的后续商业化计划，内部也没有成立专门的部门研究这个领域。

尽管只是一次带有宣传性质的活动，且淘宝方面也表示暂无后续计划，但国内电商巨头的这个举动还是带有风向标的意味，给外界留下不小的想象空间，此前顺丰快递也尝试过无人机配送服务试验。从国内无人机公司频繁获得资本青睐的势头看，这个领域已成为眼下的热门。

## 实人认证

2015年3月31日，淘宝宣布启动“实人认证”程序，要最大程度地消除由于虚假注册信息带来的交易安全隐患。也就是说，想在淘宝开店的商家，除了要“实名认证”之外，还要“实人认证”了。

所谓“实人认证”就是淘宝年检，在开店“实名认证”的基础上，还要进行每年一次的“实人认证”。

相比“实名认证”，“实人认证”有哪些优势？

淘宝相关负责人表示，“实名认证”锁定的是淘宝账号，无法核对该账号是否同一个人在使用；而“实人认证”需要拍照核实，且照片要求的手势都是随机的，无法造假，可以锁定人。同时，“实人认证”可无线端认证，方便卖家随时随地上线认证。卖家复核材料的提交时间一般无需超过5分钟。

## 四个发展方向

目前，不管中国的社会环境还是电商环境，都发生了各种各样的变化，这对淘宝网的业务产生了影响，那么淘宝的发展方向是什么呢？如下图所示。

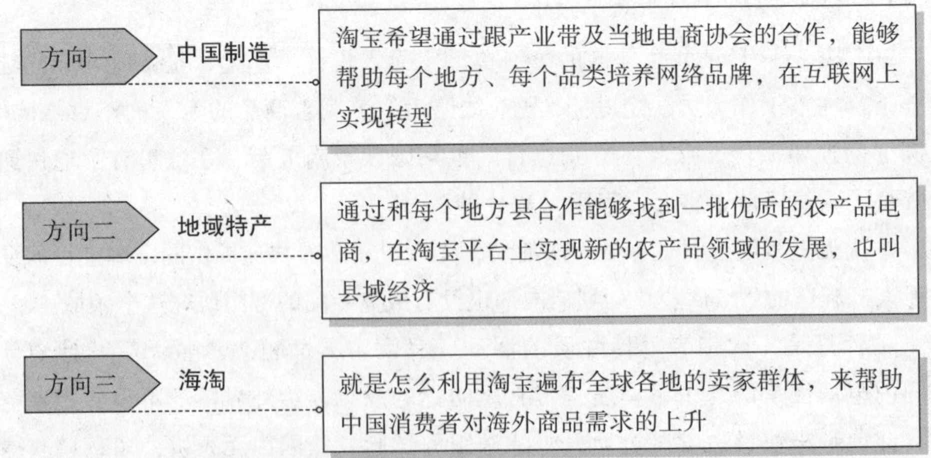

方向四　行业的垂直化　既有对原来行业的整合运营，也有对新的行业市场的开拓

淘宝的四个发展方向图

## 第二节　淘宝网是创业者的天堂

淘宝网一直在推动“货真价实、物美价廉、按需定制”的网货的普及，帮助更多的消费者享用海量且丰富的网货，获得更高的生活品质；通过提供网络销售平台等基础性服务，帮助更多的企业开拓市场、建立品牌，实现产业升级；帮助更多胸怀梦想的人通过网络实现创业、就业。

### 淘宝网上创业的优点

淘宝网最大的优点就是可以免费开店，这点吸引了海量创业者，包括一些在职工作人员和学生。因为他们基本没有成本，这个原因也直接促进了现在淘宝的繁荣。淘宝的优点如下图所示。

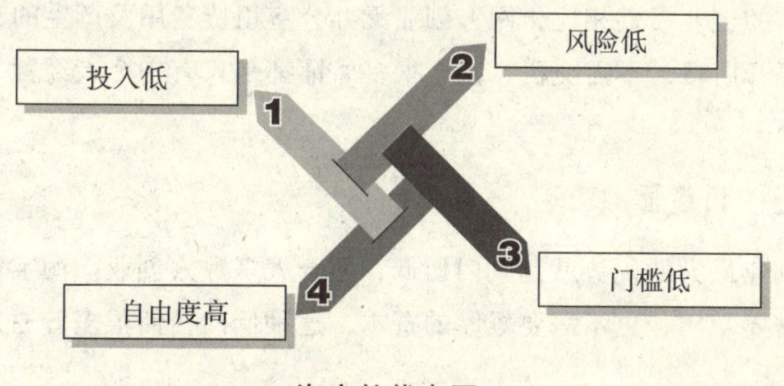


淘宝的优点图

### 优点一　投入低

网上创业投入相对较低，网上创业的投入主要体现在人力、场地和资金方面，如下图所示。

表现一　人力方面

人力需求少，选择网上创业，甚至可以零物质投入，即选择做代理，而且那种不需要压钱或者压货的代理，风险也相当小，同样也没什么压力

表现二　场地方面

可以在家里经营，也可以工作之余在办公室经营，所以投入成本少。设备方面需要满足最基本的工作，电脑和网络，操作人员要求会打字，能进行基本的电脑操作

表现三　资金方面

除了体现在前两点内的资金投入外，网店不用交税，没有太多的经营压力，而且淘宝也不收取开店的费用

网上创业低投入的表现图

### 优点二　风险低

与实体的创业投资相比，网上创业无办公室租赁费用及产生的其他相关费用，不需要开店费，不需交税，甚至很多店铺都是只有一个人经营，投入少，风险也较小。

### 优点三　门槛低

淘宝创业最大的优势就是其门槛低，适合大多数人创业。淘宝创业不需要技术、不需要学历，更不需要雄厚的资本，这种低门槛使很多普通人创业成为可能。

### 优点四　自由度高

时间可以自由掌控，完全能够按照自己的想法，自己的模式去运作。成败都是自己的，能更好地发挥主观能动性。

## 淘宝网成功创业的决定因素有哪些

任何一个在淘宝网上成功创业的，都有其成功的因素所在。

淘宝网成功创业的决定因素表

| 序号 | 因素 | 说　明 |
| --- | --- | --- |
| 1 | 差异性 | 一个没有差异性的产品是不具备市场竞争力的。在市场经济条件下，各种产品已进入同质化竞争，消费者是盲目的，如果产品没有差异性他们就没有必要选择。这里所说的差异性是包含营销各个方面的，如产品的名称、包装、功能诉求、产品概念、目标人群定位、销售渠道、终端陈列、宣传方式、促销方式、销售支持、售后服务、付款方式，等等 |
| 2 | 绝对与众不同 | 要想使自己的产品在竞争中领先，就很有必要检查一下自己的产品是否绝对与众不同。在淘宝网中，所谓的绝对与众不同，比如某家卖的是饰品，淘宝网的饰品成千上万，都一样，但是该店卖的是有自己特色的DIY饰品，这样便吸引了买家眼球，买家才愿意买单 |
| 3 | 相关性 | 产品具有差异性而且还绝对与众不同，还不能保证产品能够畅销、被消费者接受，要做到产品畅销还要问自己，产品绝对与众不同的差异性对消费者来说是否相关，是否感兴趣，是否能够满足消费者的需求。要想使自己胜出必须考虑相关性，分清消费者的主需求 |
| 4 | 奇异性 | 奇异性的产品和服务本身是没有市场吸引力的，淘宝网中所谓的奇异性服务，应该是很有创意的，比如人家保修3年，我保修5年 |
| 5 | 利益性 | 利益性有心理和生理之分，如果能够从心理这一人性角度去满足消费者的利益，那么你的产品就能做活，就会持续不断地发展。在淘宝网中，如果产品价格的利润可以得利，又可以让消费者感到物有所值，这就是生理满足。而心理满足，可以是很好的售前售后服务、划算的促销活动，等等 |

续表

| 序号 | 因素 | 说明 |
| --- | --- | --- |
| 6 | 承诺性 | 淘宝网的消费者保障服务（以下称“消保”）就是为给买家一个承诺，所以加入消保是必须的。但是消保并不是非常完善，卖家也可以自己在描述中加入一些承诺，比如假一赔十。如在出问题后即使赔本也要满足买家合理的要求，那么买家便会对店铺服务有深刻的印象，下次会首先考虑该店铺并实现口碑相传。如此，承诺性的重要作用就突显出来了 |
| 7 | 建品牌 | 现在是品牌制胜的时代，产品再好，如其品牌形象给消费者留下恶劣的印象，消费者就不会选择产品，所以品牌打造的成功与否是衡量市场营销成败的一个标准。在淘宝网，如果结合先前的差异性取个好名字，可以将其作为自己的品牌来发展 |

以上的七条法则需联合执行，才更容易获得成功。

## 淘宝网上创业失败的原因及解决方法

虽然在淘宝网上创业成功的人有很多，也成就了许多的千万富翁，但是也有人在淘宝网上创业失败，总结起来有几个原因，如下表所示。

淘宝创业失败的原因及解决方法表

| 序号 | 原因 | 详解 |
| --- | --- | --- |
| 1 | 不了解淘宝，不了解行业 | （1）不熟不做的原则放在任何一个行业都是成立的，任何一个行业，都是内行赚外行的钱，要想在这个行业赚钱，就要先变成内行<br>（2）在淘宝创业，可以有许多可选择的行业，但不要选择自己完全不懂的行业。很多淘宝创业者都是头脑一热，一头钻进去，实际对淘宝和行业都不熟悉，结果就是花费了很长时间才悟出点门道。淘宝虽然成本低，但是时间成本也是成本，很多淘宝创业者都在这方面吃了亏 |

续表

| 序号 | 原因 | 详　解 |
|---|---|---|
| 2 | 过早辞职 | 创业自己当老板，说是好听，可是努力和汗水也只有自己了解。在厌倦了朝九晚五的工作，厌倦了周而复始的生活时，很多人会选择创业。而在没有什么资源又有生活压力的情况下，放弃现有工作全身心地投入并不是明智的选择，倒不如等一切发展良好的时候再考虑全职去做，这样风险会低很多 |
| 3 | 没有充电意识 | 不要认为学习只是学生的任务，淘宝开店只要在网上点点键盘就行了，那么多人前仆后继地涌向淘宝，你不学习，怎么做到独特呢，怎么能脱颖而出？淘宝等不来生意，它是赢在执行、胜在坚持 |
| 4 | 同行业竞争 | 做淘宝的不仅要服务好买家，还经常会受到同行的打压、攻击等，如何对抗行业竞争同样需要卖家仔细研究。因为门槛低，所以任何人都可以进入，所以精细化才是出路 |
| 5 | 内功不足，专营外功 | 这种情况并不少见，淘宝开店初期必然有着流量低、客户少的情形，有些店主刚上来就大量投广告，但一个新店，最重要的还是修练“内功”，如果没做好“内功”，就算有了销量，也有可能会出现评分低、客服不到位等问题 |
| 6 | 捞偏门，不守规矩 | 捞偏门的人都有一个特点，起得快死得也快。现在淘宝对这样的事查得越来越严，只有走正道才能发展下去 |
| 7 | 过早放弃 | 马云曾说过：“今天很残酷，明天更残酷，后天很美好。绝大多数人会死在明天晚上，看不到后天的太阳。”很多人淘宝开店，都是一时兴起，折腾两三个月就放弃了，这样如何成功？因此，选择了就不要轻易放弃，去多观察和研究一下那些成功的网店，看看对方做得好的方面，然后加以改进 |

## 在淘宝网创业前期的准备事项

淘宝创业者在创业时会面临许多问题，因此在创业前期就要做好各项准备工作。如下页图所示。

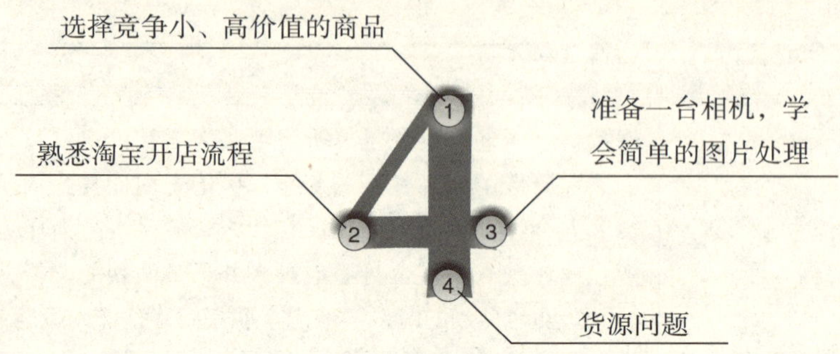


在淘宝网创业前期的准备事项图

**事项一　选择竞争小、高价值的商品**

选择做什么样的商品，这是淘宝创业者首先面临的问题，建议不要做大而全，而要做小而精。电商的未来发展趋势一定是分工精细化、产品专业化，只有做专做精，才能做到极致。此外要做高价值的商品，客单价高，利润额才高，赚的钱才会多。

**事项二　熟悉淘宝开店流程**

简单地说，淘宝开店主要分为四个步骤，如下图所示。

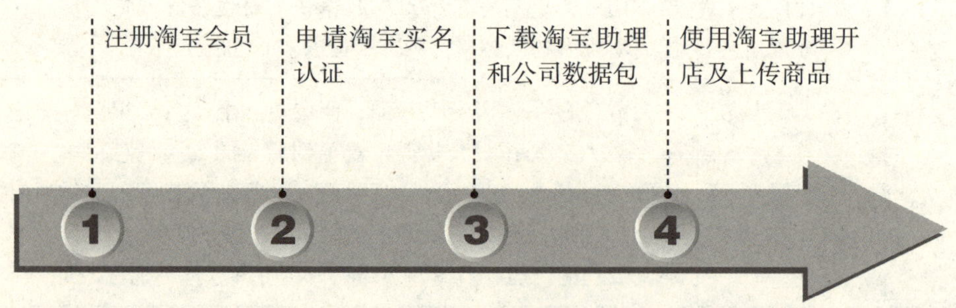


淘宝开店步骤图

**事项三　准备一台相机，学会简单的图片处理**

对于产品图片的处理是非常重要的，很多店主会花钱请专业的摄影师拍照片，实际上对于刚开店的店主来说，图片的要求没有那么高，如果自己拍照，能够简单地处理图片的话，就能够减少成本。

**事项四　货源问题**

有了资金之后就是找货源，这里包含几个方面，如下图所示。

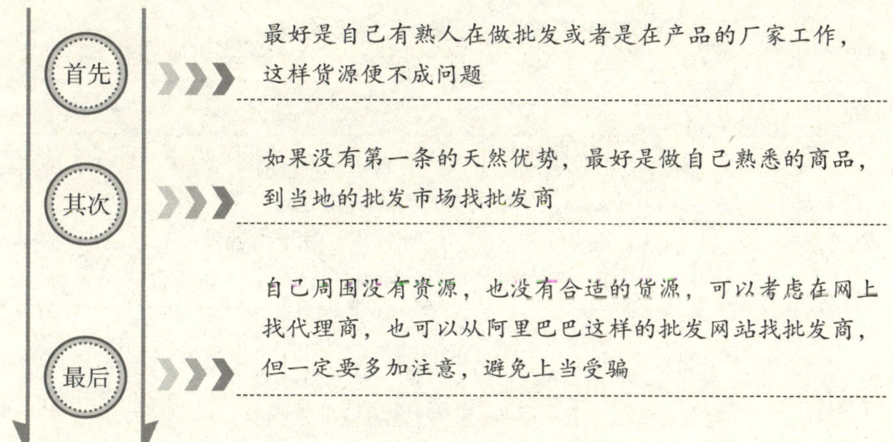


货源的解决办法图

## 在淘宝大环境下的引流布局

在淘宝大环境下如何引流布局，如下图所示。

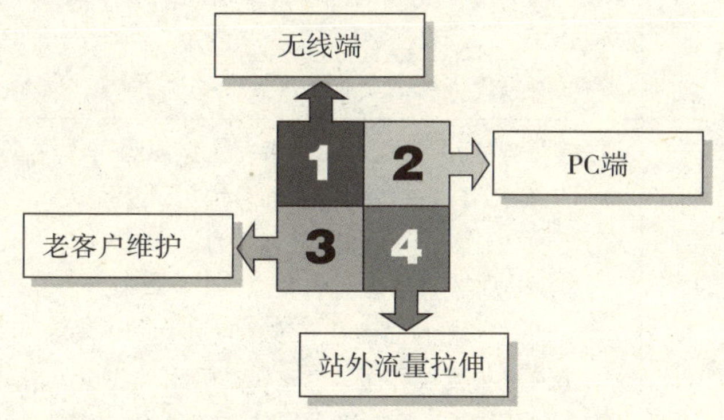


在淘宝大环境下的引流布局图

因为有京东的开放、腾讯的搅局，虽然有很多人说淘宝网2014年以后是已经过了第一波红利期，但是对创业者来说只要想创业，任何时候都有机会，在于是否看准，如何布局。

在淘宝大环境下的引流布局如下表所示。

**在淘宝大环境下的引流布局表**

| 布局 | 基本渠道 | 操　作　要　点 |
|---|---|---|
| 无线端 | 直通车 | （1）单独设立一个无线端直通车推广计划<br>（2）选择具有无线投放功能的关键词<br>（3）无线端直通车推广计划不要放置店铺推广与单品定向推广<br>（4）灵活设置投放平台百分比 |
| | 钻石展位 | （1）无线端钻石展位的特点是单价低、点击率高、点击量大<br>（2）低成本能定位大量的精准人群<br>（3）能让直通车得到大量的精准人群定位，从而获得更多的展现量<br>（4）选择站内点击率高且点击量大的投放位置<br>（5）以首页、类目页、活动页为跳转页面，提高钻石展位的投放价值<br>（6）查看行业大数据，定位好投放时间段，提高钻石展位的投放效果 |
| | 活动 | （1）淘宝APP首页顶部有淘抢购的展示位置，流量巨大<br>（2）因为淘宝无线端搜索是原始的淘宝搜索排序，销量为王，活动期间可以通过活动进行大量刷单<br>（3）付出代价少，获取流量大 |
| | 微淘 | 通过微淘定期推送信息与微淘特定优惠吸引已关注店铺品牌、收藏过店铺的客户进行购买，提升销售，从而达到老客户维护与新客户开发的作用。微淘培养方式为<br>（1）通过邮包宣传，吸引关注<br>（2）通过PC端版面信息宣传，吸引关注<br>（3）通过手机端版面信息宣传，吸引关注<br>（4）使用二维码通过其他媒体与工具渠道宣传，吸引关注 |

续表

<table>
<tr><th>布局</th><th>基本渠道</th><th>操 作 要 点</th></tr>
<tr><td rowspan="3">无线端</td><td>自然搜索</td><td>（1）设置手机专享价，可以获得搜索加权<br>（2）若店铺在无线端没有产品拥有搜索容量大的关键词排位，可以尽量通过优惠等方式引导客户从PC端首页扫码进无线端购买，同时也可以通过此办法进行刷单，若店铺在无线端有产品拥有搜索容量大的关键词排位，可以尽可能通过刷单来保持日常该宝贝的点击量与转化，从而稳定该单品无线端的流量引入<br>（3）通过淘抢购活动引入的大量流量进行销售或者刷单，提高单品销售数量，稳定单品无线端的流量引入<br>（4）通过无线端钻石展位转化，提升单品销售<br>（5）通过无线端直通车转化，提升单品销售<br>（6）通过微淘定期推送信息与微淘特定优惠吸引已关注店铺品牌、收藏过店铺的客户进行购买，提升单品销售</td></tr>
<tr><td>麻吉宝</td><td>（1）把站外无线APP非购物环境下的流量转换成购物流量<br>（2）提高品牌关注度与店铺收藏，从而给店铺定位更多的人群</td></tr>
<tr><td>会员卡</td><td>通过各类会员卡无线营销活动，给予新老客户更大的优惠力度，通过积分、送礼等形式，提高新老客户的黏性</td></tr>
<tr><td rowspan="2">PC端</td><td>直通车</td><td>（1）单独设立一个PC端直通车单品推广计划，关闭所有无线端投放功能<br>（2）单独设立一个PC端直通车单品定向推广计划，关闭所有无线端投放功能与不投放关键词<br>（3）多图片、多位置投放PC端直通车店铺推广</td></tr>
<tr><td>钻石展位</td><td>（1）PC端钻石展位特点是能直接引入大量精准客户人群<br>（2）控制成本、大量测图、测试定位与出价，各项互相平衡，让点击量、点击率、点击单价达到最大的效果<br>（3）能让直通车得到大量的精准人群定位，从而获得更多的展现量<br>（4）选择站内点击率高且点击量大的投放位置<br>（5）以首页、类目页、活动页为跳转页面，提高钻石展位的投放价值<br>（6）查看行业大数据，定位好投放时间段，提高钻石展位的投放效果</td></tr>
</table>

续表

<table>
<tr><th>布局</th><th>基本渠道</th><th>操　作　要　点</th></tr>
<tr><td rowspan="3">PC端</td><td>淘宝客</td><td>淘宝客来源如下<br>（1）店铺积累的各个分享平台的淘宝客<br>（2）专业公司的淘宝客合作资源<br>（3）第三方活动平台淘宝客资源<br>（4）各类大型媒体淘宝客（基本不用做）<br>（5）店铺积累的各类网站主</td></tr>
<tr><td>活动</td><td>值得参加的活动如下<br>（1）聚划算<br>（2）淘金币<br>（3）淘营销，如天天特价、淘宝试用等<br>（4）官方活动报名中心里各类主题活动<br>（5）“双十一”等大型节日活动</td></tr>
<tr><td>自然搜索</td><td>影响PC端自然搜索的主要因素如下<br>（1）目标关键词与目标产品相关性<br>（2）店铺DSR情况<br>（3）目标产品收藏量、点击量、评分情况<br>（4）近7天目标产品的销售量<br>（5）目标产品上下架时间<br>（6）目标产品是否参与淘宝各类服务，如公益宝贝、运费险等<br>（7）近7天目标产品动销率</td></tr>
<tr><td rowspan="2">老客户维护</td><td>每月店铺会员日</td><td>自主店铺会员日活动作用如下<br>（1）提高店铺老客户复购率<br>（2）提高日常店铺老客户访问黏性<br>（3）提高店铺月营业额<br>（4）提高老客户优越感</td></tr>
<tr><td>建立旺旺粉丝群</td><td>建立旺旺粉丝群作用如下<br>（1）可以增加与粉丝的互动空间<br>（2）积累与巩固粉丝数量<br>（3）店铺营销信息能第一时间传达给粉丝<br>（4）方便店铺联系粉丝，赠送礼品与优惠<br>（5）组织各类互动活动，提高粉丝复购率</td></tr>
</table>

续表

| 布局 | 基本渠道 | 操作要点 |
|---|---|---|
| 老客户维护 | 定期发送短信 | 定期发送短信作用：店铺所有的活动与营销信息能第一时间通知到老客户，提高老客户对店铺的记忆印象，同时活动相当的老客户复购率 |
| | 无线会员卡 | 无线会员卡作用：通过各类会员卡无线营销活动，给予新老客户更大的优惠力度，通过积分、送礼等形式，提高新老客户的黏性。无线会员卡功能如下<br>（1）新人专享礼包<br>（2）会员专享开卡礼包<br>（3）会员专享活动<br>（4）会员专享折扣 |
| 与上单元格合并，属老客户维护 | 微淘与微博 | 微淘与微博共同作用：通过微淘与微博的信息推送与活动互动，提高老客户对店铺的黏性与记忆印象，提升销售，从而达到老客户维护的作用 |
| | 组织各种主题的抽奖与互动活动 | 如长期设置抽奖转盘，提高中奖概率，放置在PC端与无线端让老客户定期回访，提高老客户对店铺的黏性 |
| | 定期发送优惠券 | 利用工具“江湖策”定期发送优惠券，把每天流失的客人尽可能转化成老客户 |
| 站外流量拉伸 | 基本渠道 | （1）米折网、爱淘宝、折800等第三方平台活动与专场流量<br>（2）主要推广工具站外推广流量，如直通车、钻石展位、麻吉宝、淘宝客等<br>（3）媒体公司购买的站外推广流量 |

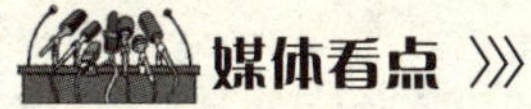

## 媒体看点

### 2014年，淘宝客创业者们纷纷死去的原因？

马云曾说：“今天很残酷，明天更残酷，后天很美好。绝大多数人会死在明天晚上，看不到后天的太阳。”这句话同样可以用在淘宝客身上，2014年是淘宝客有史以来最为艰难的一年。

随着淘宝联盟对淘宝客的大力“乱砍乱杀”及联盟规则的调整，2014年是淘宝客有史以来最为艰难的一年，所以会更残酷；有很多淘宝客创业者们死在了2014年。其原因是什么呢？

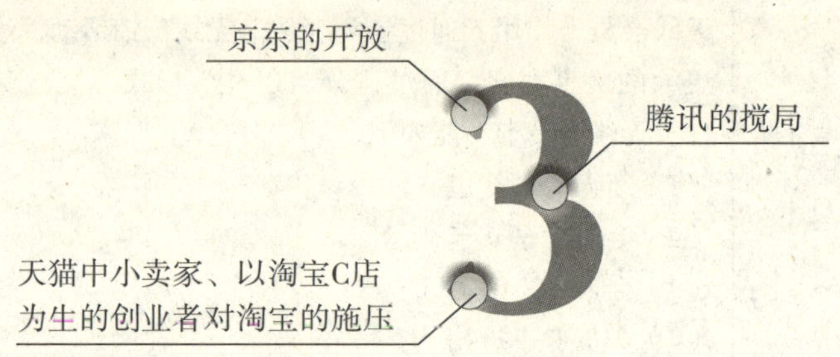


2014年，淘宝客创业者们纷纷死去的原因图

**一、京东的开放**

京东对外公布了2014年的大致战略方向——大力投入三、四线城市的广告，加大开放力度。

京东在主要一线城市的销售额和口碑远远超过天猫，但在部分二线城市和三、四线城市及农村，京东的知名度却远不如天猫，销售额比天猫就差得更远。京东为了打造国内著名品牌，不惜血本砸广告，这样一来，京东就将抢占部分淘宝的客户和流量，在京东砸完广告以后，跟着就搞开放。

京东加大开放力度，绝不仅仅是收纳大量商家那么简单，在商家和商品品类增长的情况下，京东的广告会砸得更加凶猛，京东不可能只依靠百度竞价、广告联盟之类的广告形式。届时，京东会重视起他的销售联盟，如完善单品推广、引导商家使用销售联盟、通过激励等方式让站长入住京东联盟等。这样一来，站长的入住会带来更多的消费者进入京东，这势必会对淘宝造成损失。

**二、腾讯的搅局**

易迅在被腾讯收购以后，QQ端每天都会弹出很多次关于易迅的广告，但是易迅依然做得不温不火，在京东、苏宁易购、易迅三家B2C商城中，看似不缺流量的易迅却排在倒数第一，流量大概是苏宁易购的三分之一，是京东的七分之一。京东近一半的流量来自百度，易迅只有十分之一的流量来自百度，说明京东

的知名度远远超过易迅。在得到腾讯的大力支持下，易迅依然做得很差，腾讯会不会不耐烦，转而投向更具知名度、更赚钱的京东呢？腾讯缺乏创新，但赚钱能力却排第一，一味地模仿、抄袭、收购是他们赚钱的主要手段。

**三、天猫中小卖家、以淘宝C店为生的创业者对淘宝的施压**

天猫的大卖家一直不缺流量，天猫直通车就好像是为天猫大卖家而开，因为天猫的大卖家不缺钱，直通车的位置当然会永远留给有钱的人。“公平”“开放”一直淘宝的口号，这就是淘宝借着清理虚假交易的理由把部分小卖家“误杀”了。

天猫中小卖家和淘宝C店创业者在没有直通车支持的情况下会怎么做呢？行之有效的办法就是“出淘”买流量（一般情况下还是通过联盟转换的链接），或者提高商品佣金，通过淘宝客为店铺引流。但是在淘宝联盟改版以后，因为爱淘宝的二次点击，你“出淘”买的流量可能会有三分之一不属于你，是帮别人买了。这样一来，这类卖家无法坚持在淘宝、天猫继续开店，但又不忍放弃店铺，他们和淘宝的冲突会加剧，这样一来，对淘宝客是个利好消息。但冲突不会来得太早，淘宝客们需耐心等待。

## 校园创业弄潮儿

小王大二那年，自主创业的风气在芜湖职业技术校园里卷起，那时，许多的年轻人在创业大潮的推动下，都产生了创业的愿望。小王所在的电子商务专业班，在自主创业中更是冲在前，这是因为所学的专业知识，给他们自主创业带来了便利：开网店很时兴，而且成本不高，对“穷学生”来说，很对路。

**只要坚持就会被消费者关注**

开网店虽说成本要求低，但也要近3万元。缺少资金缺少人员，什么事几乎都要自己亲自动手。小王的网店开张前几个月，由于少名气少投入，每天接到的单子很少，只有二三十单，但所花的精力都几乎是自己的

全部，一天24小时除了必须的吃饭和休息，其他时间几乎全部扑在网上。那种辛苦是没有开过网店的人难以想象的。也正因为艰苦，班上与他同时开网店的同学，几个月后许多人打起了退堂鼓。但小王却咬紧牙关坚持着，业务终于开始由凉变暖起来，到了开业的第8个月，他统计了一下，已做了10000多单，自己的网店被越来越多的消费者关注。

**离校后两度搬迁**

1. 将网店办公场所迁到澛港大市场

随着网店生意好起来，小王离毕业的日子也越来越近。芜湖职业技校学院（北校区）离市中心较远，也远离进货的批发市场。接到的单子多了，进货距离远给他带来了很多不便，他思前想后，下定决心将网店办公场所迁到城南的澛港大市场。

原本以为当时澛港大市场的房租低，生活成本不高，还能在大市场里方便地组织货源。但搬过去后，小王才发现诸多不便。商户经营理念比较保守，他在洽谈业务时，批发商对网店这个新生事物难以理解和接受，支持和合作的愿望比较低。加上开网店需要及时将自己的产品形象挂上网店，但澛港一带缺少摄影专业服务机构和人员。

2. 迁入吉和大市场

没多久，小王又将自己的网店工作场所，搬到了银湖路上的吉和大市场。工作环境改善了一些，找摄影服务机构和人员也相对方便了许多，但在货源组织上仍存在着与澛港大市场相似的困难。批发商缺少网上营销的理念，不懂得网店经营的流程和程序，一旦小王的网店接到大量的订单时，到市场上很难及时组织到货，不仅是数量不足，更在于式样和货码不齐。

**直接到生产厂家组织货源**

市场上的批发商们，他们依托传统经营模式，进什么货卖什么货，老主顾来批发，每次数量都不会很多，因此批发商每次的进货量也不会很大。但网店就不一样了，有时一天订单会接到数百份、数千份，而且客户分布在全国各地，发货的时间很紧，必须尽早将货快递到客户手中才能赢得回头客，在这种情况下，传统批发商那里的货源，就越来越难以满足网店经营者的需求。

网店的生意越做越大，为了尽快打破这个制约发展的瓶颈，小王决定绕开批发商，直接到生产厂家组织货源，这样就省了很多麻烦。

## 90后在淘宝网上兼职每月2000元

一家专卖汽车装饰品的“001车饰”淘宝店信誉度两年内就能升级为皇冠，月销售额达20万元，而这家店却只有两个人经营，其中包括一名90后在校大学生。

**兼职淘宝店是出于兴趣**

不用东奔西走只要对着电脑就能上班，每天只需上班四小时就能获得每月2000元左右的兼职费，这对于还未毕业的长沙理工大学大三学生小臧来说是个不错的选择。“相比于周围其他做兼职的同学，薪水要数最高了，所干的活儿也算最轻松了，”小臧同学略带优越感地告诉记者，“每月能为店子创下约10万元的销售额，老板非常赏识，就等着我毕业后跟他一起干！”母亲在老家山东烟台曾经营一家西装专卖店，对于家庭条件比较富裕的小臧同学来说，在校期间兼职淘宝店很大程度上是出于兴趣。小时候给母亲看店也为自己打下了一定的基础，使自己在销售服务上总能如鱼得水。

**服务水平和信誉度直接决定着网店的成败**

淘宝店不同于实体店，买卖双方不能面对面进行交易，想要提供优质服务就得从顾客的语言里快速摸清其购物心理。小臧告诉记者，小时候为母亲看店时碰到过各种类型的顾客，对于顾客的各种心理还是很能识别和把握的，相对来说哪类人想要便宜的，哪类人想要优质的，哪些人很想买，哪些人只是逛逛，基本上从他们的对话里就可判定，然后针对顾客的需求心理，用极简短的话将优势产品推荐出来，引导顾客正确消费。他觉得优质的服务质量在很大程度上决定了产品的销售额，同时赢得消费者的好评能大大提高淘宝店的信誉度。

小臧认为想开好自己的网店，推广、售后、客服、店铺设计等各个环节，都需要别出心裁。

## 【拓展阅读】淘宝排名规则

### 淘宝排名规则

淘宝排名因素主要有：动态评分、收藏人气、发货速度、销量、转化率、是否橱窗推荐、浏览量、下架时间、是否公益宝贝、价格、是否交保定金等，这些因素形成一个综合人气，淘宝排名默认综合排名。那么淘宝的排名规则又是什么呢？如下图所示。

规则一：默认综合排名=人气+销量+信誉+价格，其中人气=浏览量+收藏量。但要强调一些产品关键词放前后位置不影响排名，比如新款特价女装内衣，和特价女装内衣新款不影响排名，但人气高的产品会排在前面

规则二：标题中采用空格，标点分开不同关键词排名权重会提高，一个标题采用一个空格或一个标点即可

规则三：新品排名靠前。什么叫新品，新品就是不存在同款并且第一次上架的产品，新品排在前面。上架新品会出现下面标志，新品标志会保留21天，这21天就是扶持期，排名靠前

规则四：公益宝贝排名靠前。没设置公益宝贝的去设置一下，设置好有一定的权重排名

|  |  |
| --- | --- |
| 规则五 | 橱窗产品排名靠前 |
| 规则六 | 越到下架时间的产品排名越靠前，虽然这个因素权重有所降低，但是依然有一定的影响 |
| 规则七 | 收藏人气高、浏览高的产品排名靠前 |
| 规则八 | 转化高的产品排名靠前，转化高说明产品受欢迎，淘宝系统自动默认靠前，转化率可以人工控制的，很简单的操作 |
| 规则九 | 销量高的宝贝排名靠前，销量排名权重今年减少了一大半，淘宝为了避免恶意刷单，降低销量排名权重。现在销量低的产品也能排在前面 |
| 规则十 | 信誉不影响排名，信誉高低不影响排名，不管星店还是金冠店这点排名是公平的 |
| 规则十一 | 新店排名靠前，在其他因素几乎差不多的情况下，新店排名靠前 |

淘宝排名规则图

# 第五章 天猫，品质之城

## 导言：

“天猫”（英文：Tmall）原名淘宝商城，是一个综合性购物网站，其营运模式是B2C。天猫是中国线上购物的地标网站，亚洲最大的综合性购物平台，拥有10万多个品牌商家。每日发布大量国内外最新商品和独家商品。

# 第一节　天猫是企业用户

## 天猫的优势

天猫具有以下几个方面的优势，如图所示。

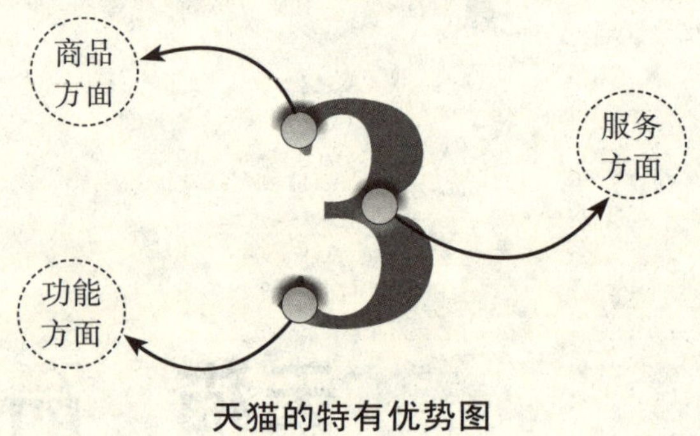


天猫的特有优势图

### 优势一　商品方面

天猫的商品数目在近几年内有了明显的增加，从汽车、电脑到服饰、家居用品、家装建材，分类齐全，更设置了网络游戏装备交易区。

### 优势二　服务方面

天猫比普通店铺更有吸引力的是它的服务，它不光是大卖家和大品牌的集合，同时也提供比普通店铺更加周到的服务。如下图所示。

七天无理由退换货

天猫卖家接受买家七天内无理由退换货，无需担心买到的不合适，或者买到的东西和实际相差太大

**正品保障**

天猫卖家所卖物品都是正品行货，接受买家的监督和淘宝的监督

**信用评价**

淘宝信用评价体系由：心、钻石、皇冠三部分构成，并成等级提升，目的是为诚信交易提供参考

天猫的服务图

## 优势三　功能方面

天猫具有普通店铺和旺铺都不具有的功能，如下图所示。

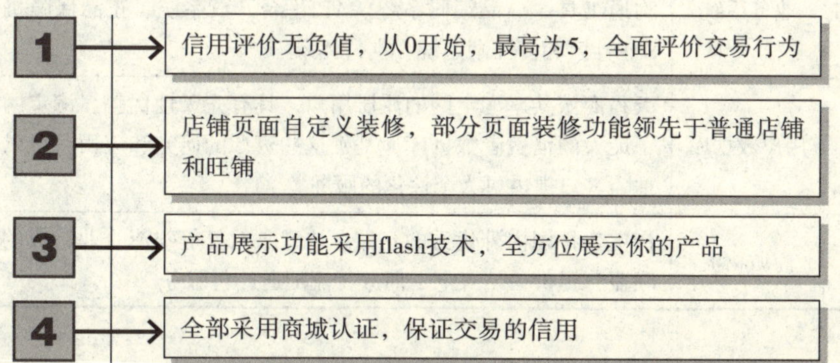


天猫的特有功能

天猫LOGO

## 天猫的商业模式及特点

天猫的商业模式及特点如下表所示。

天猫的商业模式及特点表

| 序号 | 模式 | 特点 |
|---|---|---|
| 1 | B2C模式 | B2C也就是通常说的网上商业零售，企业通过网上平台直接面向消费者销售产品和服务。这种模式节省了客户和企业的时间和空间，大大提高了交易效率 |
| 2 | 市场定位 | 天猫商城依托淘宝网优势资源，整合上万家品牌商、生产商，为商家提供电子商务整体解决方案，为消费者提供网购一站式的服务，目标是打造一流的B2C电子商务平台 |
| 3 | 业务系统 | 天猫商城有店铺展示系统、信用评价体系、商家成长机制、即时沟通工具、商品编码系统、API平台开放系统、正品保障机制、SNS社区和淘江湖系统、支付体系 |
| 4 | 用户数据库 | 天猫商城共享淘宝网的注册用户，具有先天性优势。淘宝网积累了庞大的消费者数据库，基于这些资源的研究和应用，可以有效地为客户提供更为个性化的服务 |
| 5 | 商城物流 | 淘宝选择国内外优秀的仓储、快递、软件等物流企业组成的服务联盟，提供一站式电子商务物流配送外包服务 |

## 天猫的盈利模式

天猫商城的盈利模式主要是从下图所示的几个方面来创造利润。

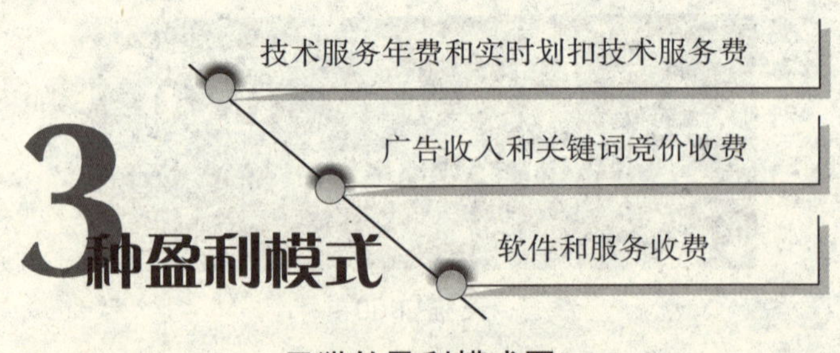


天猫的盈利模式图

### 技术服务年费和实时划扣技术服务费

天猫商城的收费主要有实时划扣技术服务费和技术服务年费。技术服务费的年费是3万元／年，商户需在入驻时一次性交纳，随着商家的不断入住，收入会随之增加；另外实时划扣技术服务费也是主营业务收入中重要的部分，标准是支付宝成交额（不含邮费）×商品对应的技术服务费率。

### 广告收入和关键词竞价收费

天猫商城广告主要有商品展示广告、品牌展示广告、旺旺植入广告等。另外，天猫商城为商家提供关键字竞价排名，这也是天猫商城非常重要的收益来源。

### 软件和服务收费

天猫商城依托自己的技术团队，借助消费行为数据库，根据商家的需求开发大量的软件和附加服务，如图片空间、会员关系管理、装修模板、数据魔方、量子统计等等，收取服务费用。

## 加入天猫的流程

商家加入天猫要按以下基本流程办理，如下图所示。

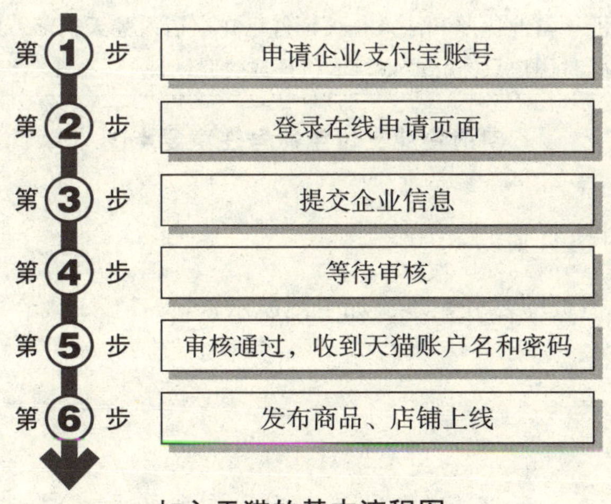


加入天猫的基本流程图

## 申请企业支付宝账号

申请企业支付宝账号有两种方式，如下图所示。

申请企业支付宝账号的方式图

申请企业支付宝账号时应注意如下图所示要点。

要点一　天猫要求所提供的支付宝账号是一个全新的账号，不可绑定任何淘宝会员ID，也不可作为登录邮箱绑定任何淘宝或天猫账号

要点二　关于支付宝企业认证可在报名前至支付宝网站完成认证，也在提交报名后，等待天猫审核时至支付宝网站完成认证（查看帮助），或等天猫审核通过，收到天猫账户名及密码后，登录天猫后台完成认证（营业执照和法人相关证件已在申请入驻天猫环节中通过校验，此时用户只需完成银行卡认证或关联认证）

申请企业支付宝账号注意要点图

## 登录在线申请页面

登录在线申请页面要分三步，如下图所示。

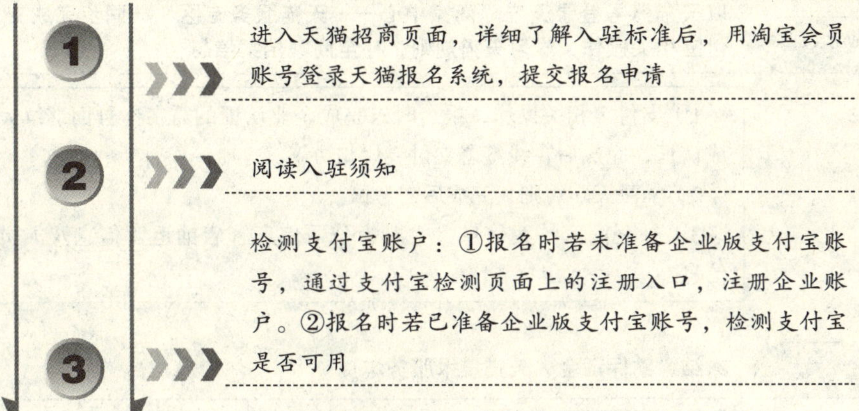


登录在线申请页面步骤图

**提交企业信息**

提交企业信息时应注意四点，如下图所示。

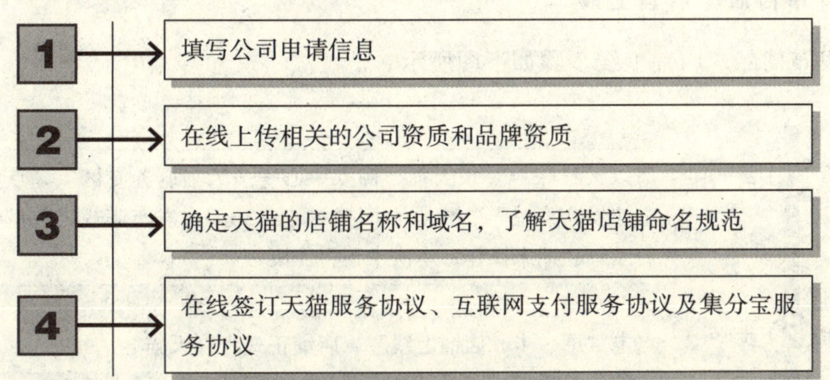


提交企业信息时应注意图

**等待审核**

提交申请，天猫工作人员七个工作日内给到审核结果。

**审核通过，收到天猫账户名和密码**

审核通过后应注意两个要点，如下页图所示。

要点一　以天猫账号登录天猫“商家中心——天猫服务专区”，同步完成支付宝相关操作、学习天猫规则、补全商家档案信息

（1）支付宝相关操作，报名时未完成企业认证的需在本页面继续完成认证，完成后在线签署支付宝代扣协议

（2）学习天猫规则，完成后需考试

（3）补全商家档案信息，主要为公司信息、店铺运营信息及人员信息

要点二　冻结缴纳保证金／天猫技术服务年费

在收到天猫账户名和密码的15天内完成保证金／技术服务年费的冻结缴纳操作，逾期未操作，该次申请将作废

注意要点图

## 发布商品、店铺上线

发布商品、店铺上线步骤如下图所示。

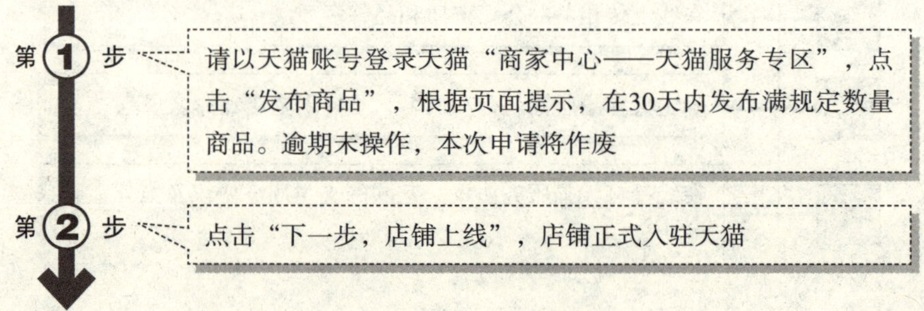


发布商品、店铺上线图

## 商家入驻天猫的好处

商家入驻天猫有以下几个好处，如下页图所示。

好处一 入驻天猫的商家，按人气综合排名将有机会在搜索页面优先展示

好处二 可报名参加天猫的商家培训及各个类目的针对性的课程，帮助提高网络营销技巧

好处三 有机会参加天猫官方组织的活动，获得更多的展示机会

好处四 提高品牌知名度，树立消费者中的品牌形象，提高买家的信任度

好处五 可将淘宝的品牌价值和品牌意识提高到更高的水平，也进一步稳固了因质量问题和信誉问题而动摇的市场，并且在一定程度上让利给广大的买家，促进了淘宝的多样发展

商家入驻天猫的好处图

## 第二节　天猫是线上购物的地标网站

天猫是淘宝网打造的B2C（B2C是Business to Customer的缩写）自2008年4月10日建立淘宝商城以来，众多品牌在天猫开设官方旗舰店，受到了消费者的热烈欢迎。至今，天猫已拥有4亿多买家，5万多家商户，7万多个品牌。

### 天猫的特色频道

天猫有几个特色频道，如下图所示。

喵鲜生

从2014年1月16日开始，天猫首页推出喵鲜生，在“喵鲜生”频道中，天猫推出了水果、水产、鲜肉等产品。这些生鲜产品大部分为进口产品，并以预售形式发售

**天猫电器城**

电器城是天猫旗下的一个电器购物频道，汇集了电器城首页、大家电、小家电、手机、相机、笔记本、电脑硬件、3C等网购服务；是天猫网里的一个重要品牌。有正品行货，发票联保；提供担保交易（先收货后付款）、先行赔付、假一赔三、七天无理由退换货、数码免费维修等安全交易保障服务等特色服务

**天猫电器城**

电器城是天猫旗下的一个电器购物频道，汇集了电器城首页、大家电、小家电、手机、相机、笔记本、电脑硬件、3C等网购服务，是天猫网里的一个重要品牌。有正品行货，发票联保；提供担保交易（先收货后付款）、先行赔付、假一赔三、七天无理由退换货、数码免费维修等安全交易保障服务等特色服务

**天猫超市**

天猫超市是淘宝天猫商城全新打造的本地网上零售超市，仅限开通城市购买实现购买次日送达，为消费者提供休闲零食、粮油米面、进口食品、家清个护、家居百货、母婴等商品，承诺正品保障。更有送货上楼、次日达、夜间配等服务

**天猫医药管**

天猫医药馆是天猫旗下的医药购物频道，它汇集了OTC药品、医疗器械、计生用品、隐形眼镜、品牌保健品、传统滋补品等网购服务项目，天猫医药馆是天猫里面的一个重要品牌。具有国家批准、连锁药房，严格审核、在线咨询，品类齐全、公开透明等特点

**阿里旅行**

阿里旅行是一站式旅行服务平台，提供国内外特价机票、火车票、酒店客栈、旅游度假、签证、门票、租车、汽车票服务等预订查询。享受支付宝担保交易、消费者保障基金等

**天猫国际**

2014年2月19日，天猫国际上线，为国内消费者提供海外原装进口商品

天猫特色频道图

喵鲜生网页截图

天猫电器城网页截图

天猫超市网页截图

天猫医药网页截图

阿里旅行网页截图

天猫国际网页截图

## “双十一”购物节

“双十一”即每年的11月11日，又称“光棍节”。

2009年，天猫（当时称淘宝商城）开始在11月11日举办促销活动，最早的出发点只是想做一个属于淘宝商城的节日，让大家能够记住淘宝商城。

而“双十一”的重要性也因此突显。

2015年，第七个天猫“双十一”全球狂欢节全天交易额达912.17亿元，其中无线交易额为626.42亿元。

## 商标注册

2011年11月1日阿里巴巴集团控股有限公司就已经向国家商标局提出了“双十一”商标注册申请，并于2012年9月27日通过初审并进行公告，于2012年12月28日取得该商标的专用权（即获得注册）。

2014年10月末，阿里发出通告函，称阿里集团已经取得了“双十一”注册商标（注册号码：10136470，10136420），经阿里巴巴集团授权，天猫就“双十一”商标享有专用权、受法律保护，其他任何人的使用行为都是商标侵权行为。

马云在回答中央电视台记者提问时讲述了阿里巴巴注册“双十一”商标的初衷：“‘双十一’要全球化。但是如何全球化，中国企业吃了很多亏，特别是在商标管理、知识产权方面，一直以来都是跟在别人后面，如果某一天某个国家注册了（‘双十一’），说成是他们国家的，你也够头痛的，这种事情在中国是经常发生的，我们国家的一个历史人物或者某些事情莫明其妙地变成别的国家的了。”

### “双十一”晚会

2015年9月8日，阿里巴巴集团CEO张勇在杭州宣布启动2015年的“双十一”网络狂欢节。与过去6年不同，2015年的“双十一”前夜将推出“双十一”晚会，由冯小刚执导，通过湖南卫视面向全球直播。

“双十一”晚会在11月10日晚8时开演，时长4小时，“像春晚到零点一样，“双十一”春晚结束也就是网购狂欢节零点的开场。”

2015年10月19日下午，由冯小刚担任总导演、天猫与湖南卫视联袂推出的“双十一”晚会，活动现场地点已正式确定为北京地标建筑“水立方”，即国家游泳中心。

“双十一”晚会直播现场的几千个席位将面向社会大众开放。从10月下旬起、天猫官微、手机天猫等渠道将陆续公布晚会入场券的“抢票”方式。

### 【拓展阅读】“双十一”四大攻略

#### “双十一”四大攻略

微博上流行“双十一”的各种段子，有市民表示，“五折难挡，秒杀凶猛，就算熬个通宵也要挺住”，有人则拿出4G网络这样的利器参与抢购，还有网友想出各种奇葩的“防媳妇败家”高招。

**攻略1：请假防媳妇败家**

2013年11月，网上有一条关于“双十一”的热门微博，一位徐姓工程师晒出了自己的请假条截图，其中写道：“媳妇收藏了不少天猫团购，2013年11月11日请假1天，回家看着媳妇，防止败家，请领导批准。”无论这个请假条是真是假，不少网友认为，全国假日办应该将每年的11月11日设为法定假日，网友称“说不定比黄金周还能刺激消费”。

**攻略2：报废媳妇支付宝**

统计显示，在数以亿计准备投身网购热潮的网友中，女性占71%。

于是，有人特别发帖提醒：“各位男同胞注意啦，别怪我没提醒你们！记得10日晚10时以后，打开老婆的网银和支付宝，输入三次错误密码，才上床睡觉。11日清早起床，第一件事是再打开老婆网银和支付宝，输入三次错误密码，再去上班。切记，切记！”

**攻略3：网购要用4G网络**

“双十一”网购，市民为了确保网络畅通，除了家里的宽带，还拿出Wi-Fi，使用4G网速来抢购！”有网友则表示，已经提前一周调整生物钟、并且积极锻炼身体备战“双十一”。

**攻略4：和谐家庭**

这是一个全民节日，我们应该一起快乐，但不是享受几秒冲动的快感（花钱）而后同自已同舟共济的爱人红了眼。便宜虽好，“实用”价更高，感情从来都不是一人的事。

**媒体看点》》**

### 2015年阿里“双十一”交易额912.17亿元同比增长59.7%

2015年阿里“双十一”交易额达912.17亿元。

2015年天猫“双十一”全球狂欢节落下帷幕。根据阿里巴巴集团的数据，截至2015年11月11日24时，阿里巴巴2015年天猫“双十一”交易额达到912.17亿元，同比增长59.7%。

而2014年，这个数字为571.12亿元，同比增长58.6%。

具体来看，2015年天猫“双十一”开场仅用12分28秒，交易额就超过100亿元。在零点刚过的第5分01秒，蚂蚁金服旗下的支付宝交易峰值达到8.59万笔/秒，是2014年“双十一”峰值3.85万笔/秒的2.23倍。

开场后7小时45分42秒，天猫“双十一”交易额突破417亿元，超过2014年美国感恩节购物季线上交易总额。据comScore数据，2014年美国感恩节购物季（包括感恩节、黑色星期五、感恩节周末、网络星期一）5天在内的网络成交额为65.6亿美元（约合人民币417亿元）。

随后，在11月11日的当天中午11点50分，天猫的交易额突破了571亿元，打破了2014年“双十一”的全天交易额纪录。

截至11月11日17小时28分，天猫“双十一”交易额突破719亿元，超过了去年我国社会消费品零售总额。据国家统计局数据显示，2014年我国社会消费品零售总额262394亿元，日均718.88亿元。

“双十一”当天晚上10点半，美国纽约证券交易所（NYSE）还为2015年天猫“双十一”全球狂欢节举行了远程开市敲钟仪式。

阿里巴巴集团董事局主席马云在敲钟仪式上表示，“双十一”活动始于中国，以后将成为一个世界的节日。“双十一”的成绩，展示了中国内需的强大力量。未来5年之内，“双十一”可能在东京、巴黎、纽约举行。“双十一”至少要办100年，应该比阿里巴巴还活得长。

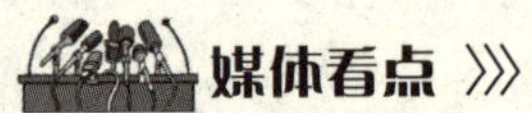

## 天猫“双十一”交易571亿元点亮全球217个国家和地区

从2009年到2014年，“双十一”已经从天猫扩散到全电商平台，从国内扩展到全球。“双十一”，正逐渐从单一的电商营销日，变成了全球消费者的购物狂欢节。

天猫总裁王煜磊表示，“双十一”早已不再是天猫的“双十一”，而是属于全社会、全球的“双十一”。2014年的“双十一”将更加聚焦在全球化、无线化的基础上，让我们为之共同建立的商业的生态体系、更加健康有序地发展。

天猫“双十一”交易额571亿元，其中移动交易额达到243亿元，是去年移动交易额的4.54倍。物流订单2.78亿元。

再来纵观各地“土豪”排行榜。2014年“双十一”交易额排名前十的分别是：广东、浙江、江苏、上海、山东、四川、北京、湖北、湖南、福建。

为了保障2014年“双十一”交易的顺利进行，支付、技术、物流作为“水电煤”全面支撑平台的运转。

2014年以来，支付宝在系统和技术上再次进行了升级。自身开发的云支付系统在“双十一”之前正式封顶，这一支付系统是建立在云计算和大数据平台上的，实现了全分布、全冗余、高弹性、低成本的海量交易与数据处理架构。

蚂蚁金服集团CTO程立（花名鲁肃）表示，支付宝在2014年“双十一”的交易峰值已经达到285万笔/分钟，相比2013年“双十一”期间79万笔/分钟的交易峰值，2014年系统的支撑能力达到了2013年3倍以上，用户整体支付体验相比去年也顺畅了不少。

基于在云计算领域长期的技术积累，阿里巴巴技术团队还在2014年“双十一”之前，攻克另外两项世界级的创新难题——“服务器资源弹性部署”和“数据中心异地双活”。阿里巴巴集团副总裁刘振飞表示，云计算在2014年“双十一”起到了非常重要的基础性作用。天猫、淘宝、支付宝的大数据处理，都是基于阿里云计算的大数据处理平台ODPS完成的，为天猫“双十一”的商品个性化推荐提供了技术支持，这是自主研发能力的一个很大提升。阿里云ODPS可在6小时内处理100PB数据，相当于1亿部高清电影。

在物流保障方面，菜鸟网络承担的角色是一个数据协同平台，以数据驱动这样的决策来协同快递公司、商家一起来进行物流服务。用于预测监控全网运力的大数据产品物流预警雷达，将继续发挥作用，协调全社会的物流体系和力量来解决2014年的配送问题。

根据这些数据，整个快递行业都做出了非常扎实的准备。据统计显示，各家快递公司为2014年“双十一”新增行业从业人员25万以上，改扩建运转中心100余处，增加作业场地185万平方米，公路干线新增自有及整合社会资源新增干线车辆12000台以上，过百万物流人员全力参与配送。阿里巴巴资深副总裁、菜鸟网络COO童文红表示，有信息用数据来协调社会化物流合作伙伴，按照既定的节奏来保障物流。

**移动成交243亿元成全球第一大移动电商**

2014年“双十一”，阿里移动端成交额达到243亿元，是2013年移动交易额的4.54倍，占到2014年总成交额的42.6%，创下全球移动电商平台单日交易的历史新高。

绫致时装集团电商经理张一星表示，旗下男装品牌JackJones已经连续6年参加“双十一”，2014年1小时48分钟交易额就破亿元，2013年用了11个小时破亿元，2012年则用了18个小时破亿元，尤其移动端表现明显，交易额占比超过55%。

天猫“双十一”在移动端的成交额从11月11日零时起就一路攀升，势如破竹，只用了75秒，成交额就突破了1亿元。截至2014年11月11日7时36分，天猫“双十一”当天的移动端成交额突破100亿元，已经比2013年“双十一”全天的移动端成交额增加将近1倍，占到总成交额的48.4%。

每一个数字后面都有其代表的意义。对于“双十一”移动端成交243亿元这一数字而言，背后意味的是阿里构建的移动电商生态系统开始步入轨道。

“双十一”购物狂欢节一直被视为电商界的年度大考，考验的是整个生态的协作能力。2014年“双十一”，除了众多的电商卖家，全国共有317家百货门店和1111家餐厅参与到这个史上规模最大的移动大促销中去，加上UC、优酷、微博、高德地图，以及ISV、淘女郎等，可以说这是移动电商生态的一次“总动员”。而正是整个移动电商生态不断进化，最终造就了单日移动商成交243亿元这样的历史纪录。

事实上，在外界看来，243亿元对于刚刚上市的阿里巴巴集团而言，还有另一层意义——奠定全球第一大移动电商的地位。

此前，阿里巴巴财报显示，2014年第三季度，阿里巴巴移动端的活跃用户达到2.17亿，其来自移动端的交易额高达1990.54亿元，占整体交易额的35.8%。而“双十一”阿里移动交易占比达到42.6%，则进一步体现阿里集团的“云端”战略发展成效。

2014年年初，阿里巴巴董事局主席马云提出阿里巴巴未来发展“云+端”战略。云就是阿里巴巴的整个生态大数据系统，包括供应链、商品和服务，端就是能够触达消费者的触点，意指阿里的各类移动端。此前，阿里巴巴启动名为“百川计划”的无线开放战略，通过开放技术、商业、数据等，进一步推动移动端生态发展。

**点亮全球217个国家和地区全球化生态体系初现**

截至2014年12日零点，217个国家和地区的旗帜全部被点亮，全球化生态雏形建立。与此同时，美国、日本、韩国、澳大利亚、新西兰、德国成为最受中国买家喜爱的产品输出国。

“淘宝海外”和“速卖通”是阿里巴巴实现全球卖的两把“利刃”，分别针对海外外籍人士和海外华人市场。在俄罗斯，速卖通已经成为最大的在线购物网站，在当地还诞生了一个专用词汇“淘戈利克”（意为“淘宝控”）。阿里巴巴国际B2C负责人吴倩表示，此次参与到“双十一”的买家中，最北的有格陵兰岛、最南的有智利，甚至还有塞舌尔、巴巴多斯这种平常不太听闻的国家。

2014年，天猫国际、淘宝海外、速卖通等首次参加“双十一”，也是阿里巴巴第一次把每年最大的购物狂欢节扩展到全球。在这背后，以电商平台、菜鸟物流平台、云计算、大数据能力等为核心的全球化生态系统已经初步建立。

商务部人士表示，从中国宏观经济角度看，阿里巴巴全球化业务的开展，其全球化生态的建立，实际上是以电子商务方式来扩大进口、促进中国小微企业“出海”，同时帮助商家和消费者降低成本，促进了中国零售行业的发展和升级。

跨境电商与国内电子商务体系不同，经过几年耕耘，阿里巴巴已经初步建立了全球化的电子商务体系。2014年，阿里巴巴的跨境电商平台首次参与“双十一”，也是对其全球化生态体系的考验。

吴倩介绍，目前，围绕电子商务这个核心业务，在阿里体系内外，已经有包括支付宝、银行、专业跨境电商服务方、菜鸟网络、物流及快递合作方为阿里的全球化生态系统提供支持。

阿里巴巴的全球化步伐也带动了合作伙伴的海外业务扩展。顺丰、申通、中通、圆通等原来国内传统老牌快递，跟随菜鸟网络的国际化布局，走出国门，分别开展海外仓储、跨境转运、海外自提等业务。

除了物流体系，在支付领域，阿里巴巴生态系统也在近年得到了拓展。例如，在台湾，玉山银行、花旗银行与淘宝海外达成合作，在2014年“双十一”期间，刷卡最高享10%现金优惠。

**6年“双十一”蓄势阿里生态聚变**

在经过6年“双十一”的历练之后，阿里巴巴的生态系统发生了质变。因为每一年“双十一”的天量成交额，都是对整个供应链体系、物流配送、技术支撑、支付体系、服务体系的全面考验。

经受住考验并不断进化的阿里巴巴生态系统，聚合了更多的参与者，保持生态多样性的同时，也在改变着现有的商业形态与格局。2014年，依托阿里巴巴生态体系的强大支撑，“双十一”开始从中国走向全球。

阿里巴巴的全球化步伐也带动了合作伙伴的海外业务扩展。顺丰、申通、中通、圆通等原来国内传统老牌快递，跟随菜鸟网络的国际化布局走出国门，分别开展海外仓储、跨境转运、海外自提等业务。

回顾历年的“双十一”，其成交额都是呈现几何级的增长。中国社科院信息化研究中心秘书长姜奇平认为，生态系统与机械系统的区别，是复杂系统与简单系统的区别。降低复杂系统的复杂度，与降低一个非常复杂的简单系统的复杂度，有着本质的区别。后者一般通过建立分层的金字塔解决，但生物体化简主要是靠智慧。对应到商业生态系统来说，要靠大数据来化简。

这些数字的背后，正是阿里生态系统的蓄势带来的生态圈聚变。

马云就曾表示，通过数字去真正理解市场的力量，帮助中国企业按需定制地进行转型升级，让“双十一”真正成为中国消费者拉动需求、发现需求、拉动消费者的一个重大的节日。

财讯传媒集团（SEEC）首席战略官段永朝表示，我觉得“双十一”的文化属性的挖掘，还刚刚开始，突破“销售额”这个传统概念带来的束缚和发展的天花板，将“双十一”打造成一个具有阿里巴巴特色的文化品牌。

……………………………………………………………………………………

# 第六章
# 大数据，阿里巴巴的核心技术

**导言：**

“大数据”是需要新处理模式才能具有更强的决策力、洞察力和流程优化能力的海量、高增长率和多样化的信息资产。在对阿里巴巴的核心技术的分析中，可以看出阿里巴巴对大数据的应用已渗入到其方方面面。

# 第一节　网上支付

网上支付是电子支付的一种形式，它是通过第三方提供的与银行之间的支付接口进行的即时支付方式，这种方式的好处在于可以直接把资金从用户的银行卡中转账到网站账户中，汇款马上到账，不需要人工确认。客户和商家之间可采用信用卡、电子钱包、电子支票和电子现金等多种电子支付方式进行网上支付，采用在网上电子支付的方式节省了交易的开销。

## 基本功能

网上支付有六大基本功能，如下图所示。

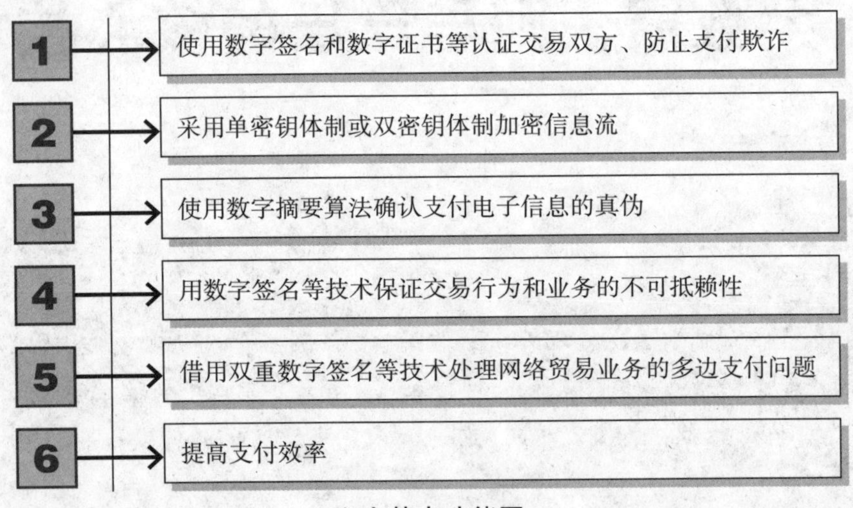


六大基本功能图

## 基本特征

与传统的支付方式相比，网上支付具有五大基本特征，如下页图所示。

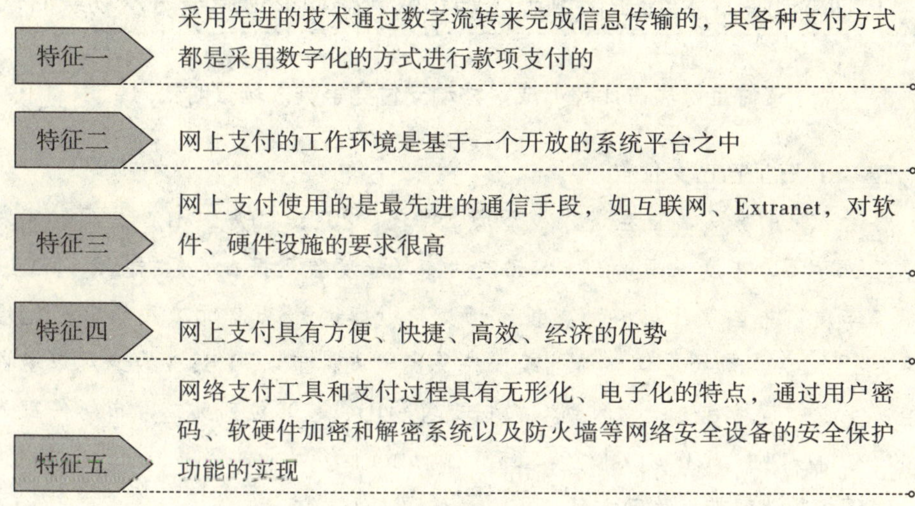


五大基本特征图

## 网上支付方式

网上支付主要包括网银支付和第三方支付两种方式，阿里巴巴集团的支付宝属于第三方支付。

第三方支付本身集成了多种支付方式，其支付流程如下图所示。

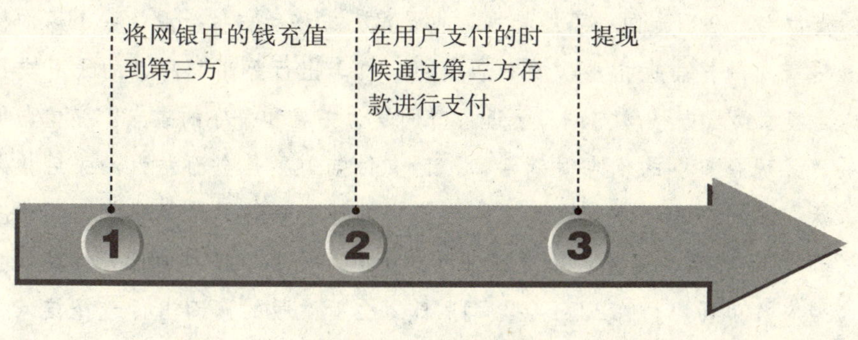


第三方支付流程图

## 【拓展阅读】 支付宝份额占比超七成，移动支付竞争进入场景时代

### 支付宝份额占比超七成，移动支付竞争进入场景时代

**TAGS：阿里巴巴支付宝**

移动支付的竞争，正在进入线下场景时代。2015年9月15日，易观智库发布了2015年第二季度中国第三方移动支付市场季度监测报告。数据显示，2015年第二季度，中国第三方移动支付市场交易规模达3.5万亿元人民币，环比增长率为22.81%。市场总体格局继续保持稳定，支付宝以74.31%的绝对市场占有率牢牢占据市场首位；财付通（微信支付+QQ钱包）位列第二，市场份额为13.18%；拉卡拉为6.33%，排名第三。

**线下场景消费带火移动支付**

根据易观智库的报告，2015年第二季度第三方移动支付环比大涨超过两成，首先是电商行业回暖，各商家大幅度促销；其次更重要的是在支付宝、滴滴出行等移动应用的助推下，便利店商超消费、打车出行付款等线下支付场景的延伸和拓展，慢慢培养起了用户移动支付的习惯。就拿市场老大支付宝为例，其母公司蚂蚁金服内部已经把线下场景的拓展和建设上升为战略高度。2015年6月，蚂蚁金服集团和阿里巴巴集团联合出资60亿元重启O2O服务平台口碑网，半个月之后支付宝做出成立12年来最令人眼前一亮的版本更新，新增“商家”一级入口，全面接入口碑网及数万口碑商户。外界普遍认为，这是在市场一直占据统治地位的支付宝，全面走向线下的标志，也是第三方移动支付行业的一个风向标。

易观智库的报告也指出，便利店商超、打车出行等小额高频的线下支付场景，成为各家第三方移动支付公司近段时间发力拓展和争夺的重点。微信与便利店开展“无现金日”的优惠促销活动，而支付宝则更是全面发力，先后接入家乐福、沃尔玛、华润万家、大润发四大超市，还有物美、世纪联华、喜士多、7-11等商超便利店，还接入了肯德基、全聚德、外婆家等各地标杆性餐饮企业甚至大型农贸市场。而在2015年9月11日，全新改版的滴滴出行选择接入支付宝；自2015年9月起，首都机场等全国数个机场也全面接入支付宝。

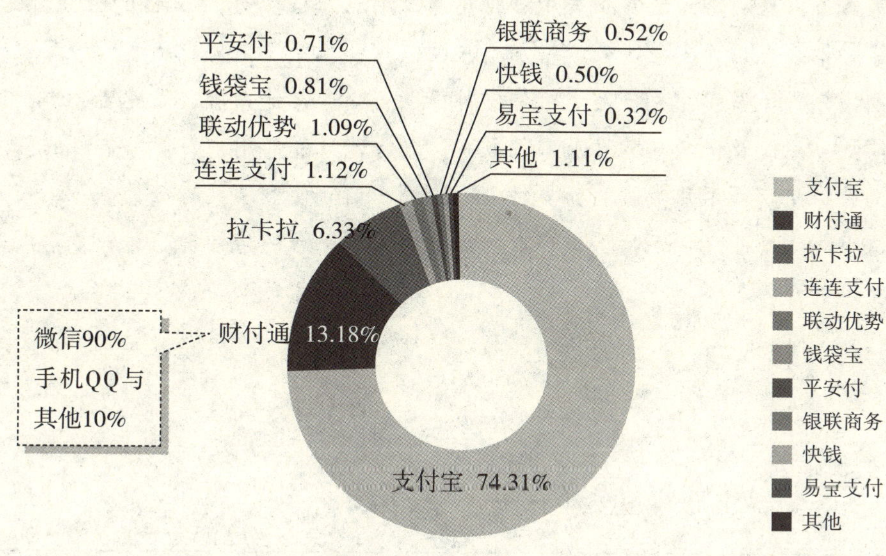


说明：以上数据根据厂商访谈，易观智库自有监测数据和易观智库研究模型估算获得，易观智库将根据掌握的最新市场情况对历史数据进行微调。

**2015年第二季度第三方移动支付市场交易份额图**

## 移动支付最终比拼生态建设

第三方移动支付领域的资深人士表示，2015年移动支付的趋势是向线下走，但其实现在很多已经分不清是线上还是线下了，也就是说线上线下会越来越融合，最终会成为一个大的生态体系，所以在线下场景开拓和争夺之后，各家移动支付公司要比拼的就是生态建设的能力了。该人士指出，支付宝、微信支付加上百度钱包三家当中，百度钱包主要靠百度外卖来拉动用户数量，微信支付则靠微信红包积累了一定的用户数量并且开始渗透到线下，支付宝则是较早看到了线下场景对移动支付的重要性，并且喊出了要从一个支付工具转变为“全场景金融生态体系”“生态建设好了，商家和用户自然都来了。”

根据易观智库的数据显示，目前支付宝以1.4亿人的季度活跃人数遥遥领先，几乎是第二到第四位三家的总和；微信支付位列第二，季度活跃人数为9476.8万人；百度钱包和QQ钱包分别以2792.8万人和2452.8万人活跃人数位列第

三、第四位。易观智库还在报告中分析指出，第三方移动支付公司在通过优惠、补贴等营销手段构建支付场景，增加用户的数量和活跃度之外，已经开始深入大数据挖掘分析及开发相关产品。微信支付借助公众号与连锁店、品牌店合作，通过店铺红包，以及优惠券的发放、领取和转赠功能，提高用户对微信支付的使用频率，并据此获得用户数据。而支付宝则选择与商超便利店共建会员体系，接入芝麻信用，并投入50亿元扶持口碑商户，帮助入驻平台的店铺提高运营效率，向用户提供更好的服务。

## 第二节 阿里云

### 阿里云认知

阿里云是阿里巴巴集团旗下云计算品牌，全球卓越的云计算技术和服务提供商。创立于2009年，在杭州、北京、硅谷等地设有研发中心和运营机构。

阿里云LOGO

阿里云总裁胡晓明曾经说过：计算将成为DT世界的引擎。

阿里巴巴利用阿里云弹性强、效率高、成本低等特点，帮助电商企业实现快速搭建平台、节约运维成本、应对业务高并发、强化安全防护能力等目标。同时结合阿里云领先的大数据服务能力，使客户能够灵活快捷地进行应用开发与业务落地，助力电商企业实现“云端商业，数据梦想”。

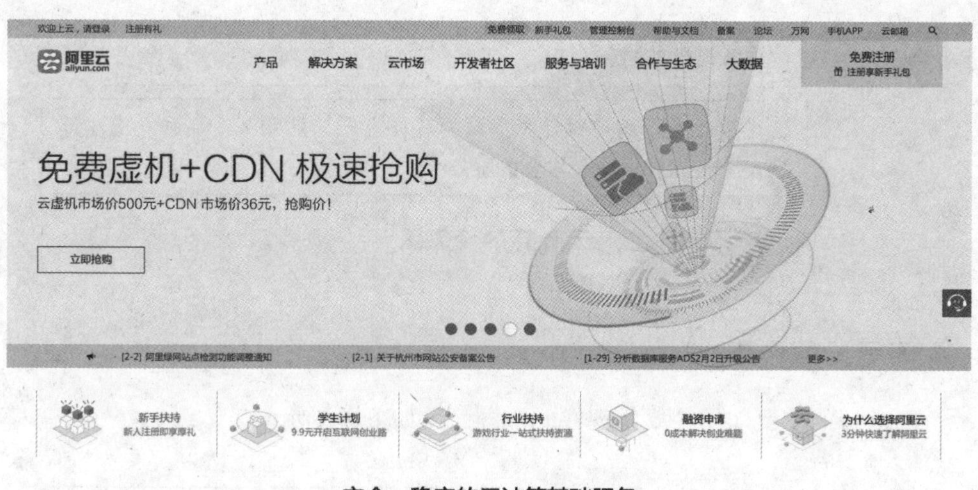


阿里云首页截图

## 云计算价值

阿里巴巴集团首席技术官王坚博士曾系统性地概括了云计算对于未来世界的价值，主要体现在三个方面，如下图所示。

**价值一** 互联网是基础设施

互联网作为国家信息基础设施，已成为国民经济发展新的引擎，也成为企业创业创新、发展壮大的关键前提

**价值二** 数据成为新时代的生产资料

互联网的普及，使得数据以更低的成本被自然沉淀，数据成为生产资料，人类从IT时代进入DT时代。海量的文本、图片、音视频等数据，通过有效分析和开发，产生新的价值，要让海量的数据产生价值，关键就在计算的能力。计算经济将成为新经济时代引擎

价值三　计算就是公共服务

云计算改变了用户对计算资源的获取方式，从购买产品独立构建计算设施转为寻求社会化公共服务

云计算的价值图

## 阿里云的作用

阿里云的重要作用主要体现在九个方面，如下图所示。

作用一　多媒体

阿里多媒体云服务可以实现领先的海量存储集群、国内海外多节点部署的CDN网络、强大的转码、渲染、图片处理服务等

作用二　物联网

基于高性能、低成本、灵活扩展的阿里云计算，助力传统硬件厂商和中小平台服务商快速搭建稳定可靠、安全可控的物联网平台，实现顺利转型、升级

作用三　网站

阿里云依据网站不同的发展阶段，提供更合适的架构方案，有效降低网站的开发运维难度和整体IT成本，并保障网站的安全性和稳定性，节约大量的人力和资金投入

作用四　金融

阿里金融云为金融行业量身定做的云计算服务，实现从传统IT向云计算的转型，并为客户实现与支付宝、淘宝、天猫的直接对接，助力金融客户业务创新，提升竞争力

作用五　游戏

阿里云为游戏客户量身打造更低虚拟比更高稳定性的专业游戏解决方案，满足各种游戏类型客户快速部署、稳定运行、精细运营的需求

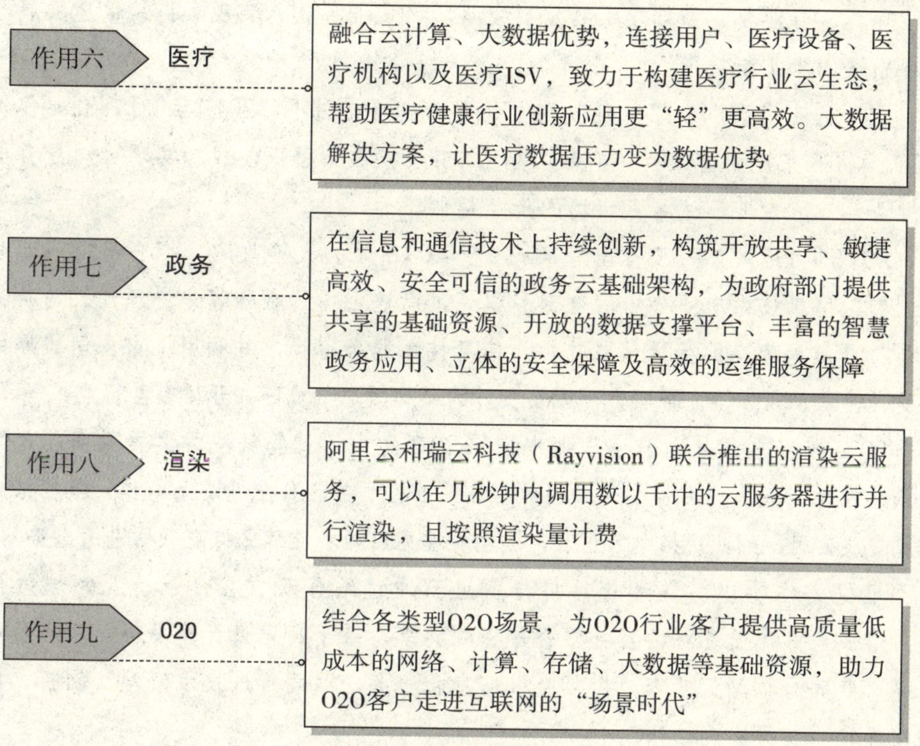

作用六 医疗

融合云计算、大数据优势，连接用户、医疗设备、医疗机构以及医疗ISV，致力于构建医疗行业云生态，帮助医疗健康行业创新应用更“轻”更高效。大数据解决方案，让医疗数据压力变为数据优势

作用七 政务

在信息和通信技术上持续创新，构筑开放共享、敏捷高效、安全可信的政务云基础架构，为政府部门提供共享的基础资源、开放的数据支撑平台、丰富的智慧政务应用、立体的安全保障及高效的运维服务保障

作用八 渲染

阿里云和瑞云科技（Rayvision）联合推出的渲染云服务，可以在几秒钟内调用数以千计的云服务器进行并行渲染，且按照渲染量计费

作用九 O2O

结合各类型O2O场景，为O2O行业客户提供高质量低成本的网络、计算、存储、大数据等基础资源，助力O2O客户走进互联网的“场景时代”

阿里云九大领域的作用图

## 【拓展阅读】润和软件携手阿里云加码金融信息化业务拓展

### 润和软件携手阿里云加码金融信息化业务拓展

2016年1月20日，润和软件发布公告，公司（以下公司均指润和软件）已于当日与阿里云计算有限公司（简称“阿里云”）正式签订《战略合作框架协议》，双方将在金融行业领域展开基于阿里云计算平台、云产品及业务的多方面密切合作，通过共享各自领域的优质资源，深度整合双方产品和解决方案，为金融行业客户提供端到端的“一站式”金融信息化解决方案，实现双方在金融行业共同发展的战略合作远景规划。

作为国内知名的专业领域软件外包服务企业，近年来，润和软件通过坚持

“国际化、专业化、高端化”的发展战略，公司业务收入实现了持续快速发展，业务领域同步不断扩张。

在“内生发展”和“外延收购”并重的战略指引下，2014年4月，公司作价7.2亿元将北京捷科智诚科技有限公司100%股权收归麾下，成功实现公司业务向金融业第三方专业测试服务市场的产业延伸。

2015年4月，公司又推出总额219774.69万元的大笔收购，拟全资揽入北京联创智融信息技术有限公司的全部股权。借助该公司的金融客户资源，公司可进一步打开质地优良的金融领域软件和信息技术服务市场，并利用上市公司雄厚的研发、技术、人才、资金实力，以及良好的品牌效应，稳固并开拓金融行业市场。

2016年以来，从之前公告拟出资1650万元向云计算解决方案提供商苏州博纳讯动软件有限公司增资实现参股和拟出资1亿元在上海投资设立润和云服务（上海）有限公司，到此次携手阿里云，公司在金融IT领域继续保持高歌猛进的态势。

根据合作协议，润和软件将与阿里云通过结合双方在金融行业领域的优势，形成双方优质资源的互补整合与资源共享，基于阿里云计算平台、云产品及业务，共同为金融行业客户提供金融信息化服务，共同推进技术研发和创新、市场拓展和品牌推广。

对于此次携手阿里云的合作，公司认为将开拓公司金融IT运营服务业务，丰富公司金融IT服务的交付模式和核心竞争力，增加公司金融IT业务的影响力，进一步推动公司金融信息化服务从传统的线下服务转型升级到线上服务，进一步促进公司业务规模和经营效益的增长。

## 第三节　淘宝站内SEO

### 淘宝SEO

淘宝网作为国内最大的综合性电商平台，以其庞大的用户群体赢得了众多淘宝卖家的加入，从而也引发了这些淘宝商家之间的激烈竞争，这样的局面使得淘宝站内搜索即淘宝SEO尤为重要。

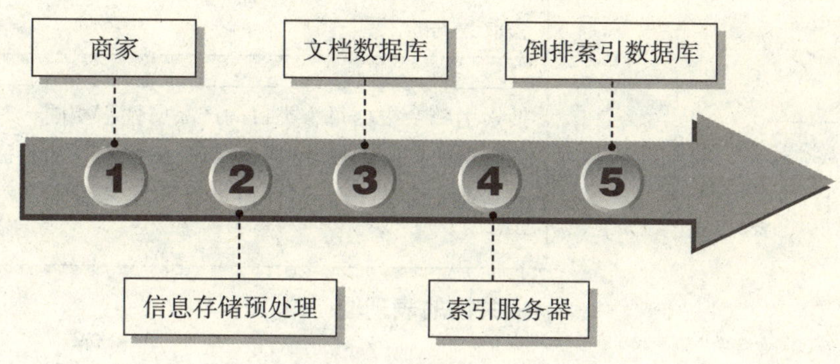


数据存储流程图

淘宝商家首先在后台上传宝贝，然后淘宝的信息（产品）存储服务器对这些宝贝进行存储、预处理、分词，最后建立文档数据库与倒排索引数据库，最后将处理结果通知给索引服务器，以等待前台用户搜索时使用。

等待数据录入分析处理后，用户进行搜索请求时，程序会将搜索请求发送给索引服务器，然后索引服务器将相关“关键词”提交到倒排索引数据库进行相关数据查询匹配，然后结合文档服务器，将查询结果提交给算法体系，进行排序处理，最后用户就看到了相关搜索结果页面。

## 相关性

关键词的相关性是在搜索中获取数据库数据的唯一有效途径，阿里巴巴作为电子商务类型网站的特殊性，其相关性表现在三个方面，如下图所示。

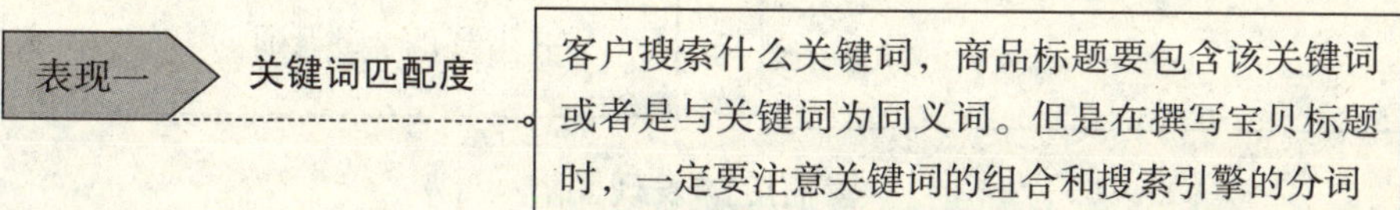

表现二 类目匹配

在淘宝搜索引擎词典数据库内，关键词和类目是一一对应的关系，所以当客户搜索某个关键词的时候，程序是优先去找与该关键词所对应的类目去取数据的

表现三 产品属性

搜索引擎会根据每个类目的产品属性不相同，对商家录入产品的属性进行分析后提取唯一的特征或者是对单一产品属性值进行匹配索引来调整排序

相关性的表现图

## 置信度

阿里巴巴需要对商家进行管控和约束来保证商家在一个诚信的环境下公平竞争交易，所以推出了置信度的概念，置信度包含两个方面，如下图所示。

作弊处罚

淘宝网的稽查系统是会对全网进行扫描，将可疑的产品进行提取，最后由人工进行筛选确定，从而做出相应的违规处罚

保障服务

淘宝网推出了一系列的保障服务，常见的有：消费者保障服务、金牌卖家、7天无理由退货、运费险等等。这些保障服务对搜索排名靠前是有加分的，且没有任何技巧可循，建议能开通的全部开通

置信度的表现图

## 微调指标

为了调动淘宝卖家的积极性，也为了淘宝用户能体验到较好的用户体验，所以提出了一系列评判该店铺是否优质的指标来干扰排序结果，如下图所示。

指标一　店铺原始权重

包括DSR动态评分、退款速度、平均旺旺在线时长、旺旺相应速度、全店转换率、全店投诉举报率、全店支付宝使用率、全店回头客所占比例、店铺人气指数，等等

指标二　单款宝贝权重

包单品历史销售量、历史单品成交金额、单品特定时间区域转化率、单品人气指数、收藏数量、特定时间区域单品退款率、特定时间区域单品投诉举报情况、单品浏览次数、单品特定时间区域好评率、是否为用户最喜爱价格区间、标题组词是否合理，等等

微调指标图

## 淘宝自创排名算法

淘宝网会自创一些排名算法，也是比较重要的排名排序依据和流量资源平均分配的最有效方法，如下图所示。

方法一　下架时间

当商家上传一款宝贝时，从上传成功的那一个时间点算起，七天一个轮回，该宝贝离下架时间越近，排名靠前的可能性就越大，换句话讲就是宝贝权重就越高

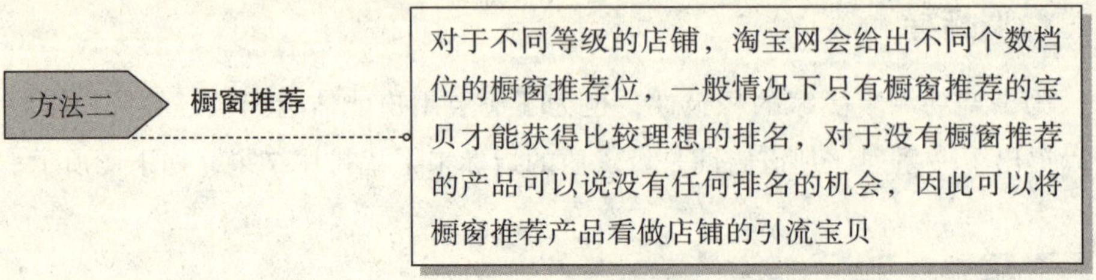

淘宝自创排名算法图

## 【拓展阅读】 淘宝或将推出图形搜索店铺，刷单能否得到根治

### 淘宝或将推出图形搜索店铺，刷单能否得到根治

据悉淘宝将调整站内搜索的算法，图形搜索技术得到了升级。该搜索技术包含五个指标：主图点击率、商品停留时间、商品跳失率、宝贝的收藏量，以及加购物车的数量。可以看出五个指标中没有宝贝的销量和好评数量，以往淘宝刷单现象泛滥成灾，许多店铺都曾刷单。当然主要是刷宝贝的销量和好评量，刷单背后存在黑色利益链条，大量的水军或刷单团队负责刷单。刷单不仅是在欺骗消费者，同时也破坏了淘宝生态圈的公平原则。

**淘宝站内搜索排序机制**

以销量和好评数量来排序，显然已经很不公平了，因此淘宝的站内搜索非常重要。几乎所有的网购用户都是通过站内搜索寻找商品，因此淘宝站内排序的意义重大。店铺的自然流量非常重要，并且投入的推广成本可忽略不计。如今运营淘宝店的成本提升了，主要是推广的费用和货源的费用，尤其是许多淘宝店主不懂如何推广，只能雇佣他人推广宝贝，无形之中增加了很多的资金投入。而通过设置标题关键词、描述内容获得自然排名，可以说是最直接有效的推广方式。

**店长为什么要疯狂刷单**

淘宝刷单现象泛滥，背后是一种恶性循环，通过销量、好评刺激真实的销量，这种方式从目前来看比较有效。所以为了销量和盈利，很多店铺选择铤而走险，加入了庞大的刷单团队。如果自己的竞争对手都在刷销量和好评，而自己没有刷单，那么肯定会觉得自己吃亏了。然而刷单就好比是上瘾的毒药，短期内可能会获得一定的效果，但从长远的角度来看，刷单纯粹就是一种欺骗消费者的行为，会让顾客渐渐失去对店铺和产品的信任。

**排序机制应该更人性化**

淘宝站内搜索的排序必须考虑到用户的因素，例如：用户在页面上的停留时间，用户几次访问了同一页面等。目前淘宝官方还是很难从技术手段上彻底杜绝刷单现象，但假如销量和好评已经不再影响宝贝的排序，那么刷单的店铺数量也会相应地减少。既然刷单的危害很大，作为淘宝平台来说，就应该想方设法去打击这一现象，否则刷单和假货将会一直是淘宝的致命伤。既欺骗了用户，也最终让自己的口碑越来越差。

此次淘宝调整搜索算法，对长期泛滥的刷单现象，究竟能够起到多大的效果，大家拭目以待。现在只能是猜测，无论如何，淘宝要让广大消费者看到官方的态度，或许才能获得更多消费者的理解和支持。

# 第七章 金融，阿里巴巴的资本梦

**导言：**

随着“互联网+”计划的提出与发展，互联网技术优势正在冲破金融领域的种种信息壁垒，互联网思维正在改写着金融业竞争的格局。那么，阿里巴巴是如何进行“互联网+金融”的实践的呢？

# 第一节　支付宝

## 支付宝

支付宝（中国）网络技术有限公司是国内领先的第三方支付平台，从2004年建立开始，始终以“信任”作为产品和服务的核心，致力于提供“简单、安全、快速”的支付解决方案。

支付宝LOGO

阿里巴巴旗下有“支付宝”与“支付宝钱包”两个独立品牌。自2014年第二季度开始成为当前全球最大的移动支付商。

### 支付宝的优势

支付宝有四大优势，如下图所示。

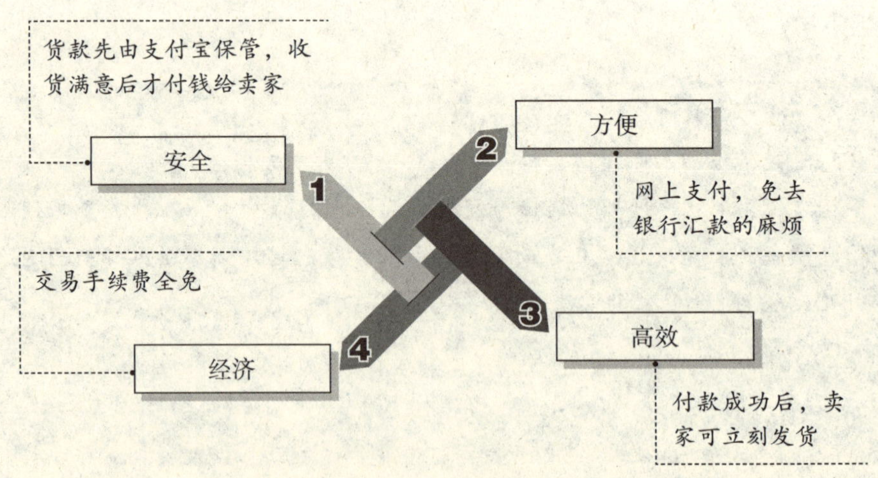

支付宝四大优势图

### 支付宝的服务

支付宝主要为用户提供支付及理财服务，包括网购担保交易、网络支付、转账、信用卡还款、手机充值、水电煤缴费、个人理财等多个领域，并为零售百货、电影院线、连锁商超和出租车等多个行业提供服务，如下图所示。

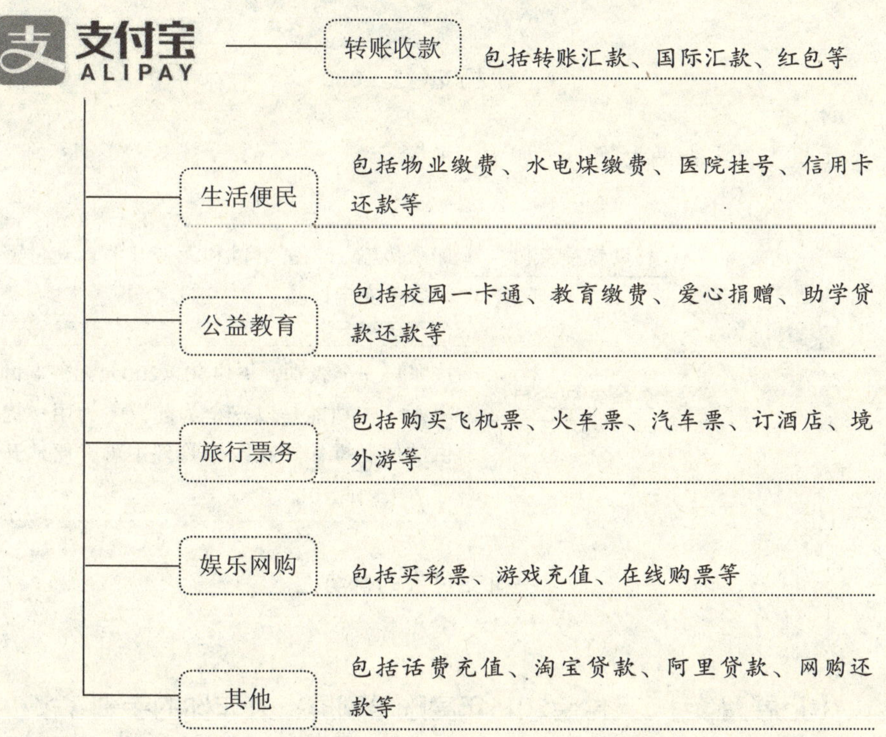


支付宝的服务图

### 手机支付宝

手机支付宝客户端是支付宝官方推出的集手机支付和生活应用为一体的手机软件，从2013年第二季度开始，支付宝手机支付活跃用户数超过了Paypal，位居全球第一。

手机支付宝LOGO

手机支付宝有两大优势，如下图所示。

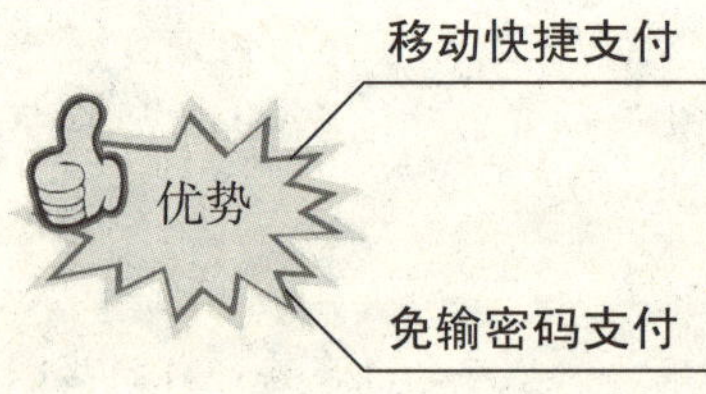


加密传输、无密支付和无密开关、支付密码多重安全保障

按账户安全级别，提供50~200元无密支付限额，本功能是以安全为前提下为用户提供的便利操作，在账户管理中可方便地开通/关闭此功能

手机支付宝的优势图

## 【拓展阅读】 支付宝2015年度账单刷屏：去年你的手剁了多少次

### 支付宝2015年度账单刷屏：去年你的手剁了多少次

2016年1月13日，蚂蚁金服对外发布2015年支付宝账单大数据。作为全球领先的第三方支付平台，支付宝用户的消费大数据，可以说是关联着网络、社会经济热点。账单显示，2015年全年，全国用户在支付宝移动支付占比达到65%。

作为一种生活方式，支付宝的适用范围也早已超出了过去的网购范畴，开始涵盖生活的方方面面，如今，在转账、缴费、信用卡还款、O2O线下消费，餐饮、超市便利店消费、出行、理财、社交等多个场景，支付宝几乎是无处不在，无所不能。

根据支付宝消费账单显示，2015年人均支付金额增长迅速，上海首先迈入“10万元”时代，北京位列第三，人均支付8.65万元，浙江、北京、江苏和福建分列2~5位。

伴随移动支付的流畅体验，国民生活方式也正经历全面升级，在饮食、出行、消费、理财、旅游等各个方面，变化日新月异：学生理财族正式崛起；沉睡多年的农村理财市场被互联网金融唤醒；即便来自小城，出境游消费力也惊人。除此之外，支付宝更是成为人与人沟通的重要平台，让家人和朋友联系更加紧密。

而从支付总额的同比增速来看，安徽、四川、江西、河南、贵州等中西部省份则赶超北京、上海、广州、深圳。

支付宝账单还显示，移动支付笔数占整体比例高达65%，而2014年这个数字是49.3%，增长了15.7个百分点。

根据账单数据，随着O2O的普及，点外卖成为2015年人们生活中的一种常态，笔均支出30元；出行方面，去年全国人民平均每次打车的花费为20元。

“整体上看，移动支付作为新经济的一种方式，正在快速渗透到人们的生活，而且覆盖区域也逐渐从一线城市向二、三线城市延伸。”支付宝称。

在移动支付渗透率方面，西部地区更高。2015年，移动支付笔数占比排前五的地区分别是西藏、贵州、甘肃、陕西和青海，其移动支付占比高达83.3%、79.7%、79.4%、78.8%和78.7%。

支付宝方面表示，2015年的个人账单只展示了消费金额，不包括信用卡还款和转账数据，目的是为了避免重复计算，使结果更精准。

除了个人账单，支付宝也在11日正式发布2015年支付宝全民账单：2015年，支付宝用户的餐饮消费平均每笔支出36元、点外卖笔均支出30元、平均每次打车的花费为20元；参与招财宝和余额宝的理财用户，人均获得256.7元的收益。

## 余额宝

余额宝是支付宝打造的余额增值服务。用户把钱转入余额宝即购买了由天弘基金提供的余额宝货币基金，可获得收益。余额宝内的资金还能随时用于网购支付，灵活提取。

据天弘基金发布公告显示，截至2015年12月31日，余额宝用户数达2.6亿人，环比2014年年底增加了42%，蝉联全球单只基金的用户数冠军。

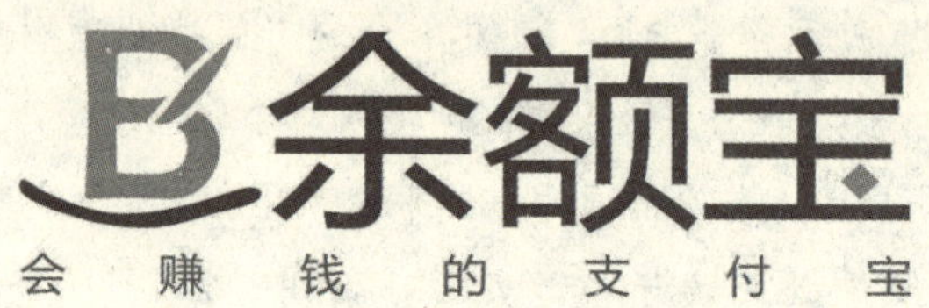


余额宝LOGO

## 余额宝特点

余额宝特点如下图所示。

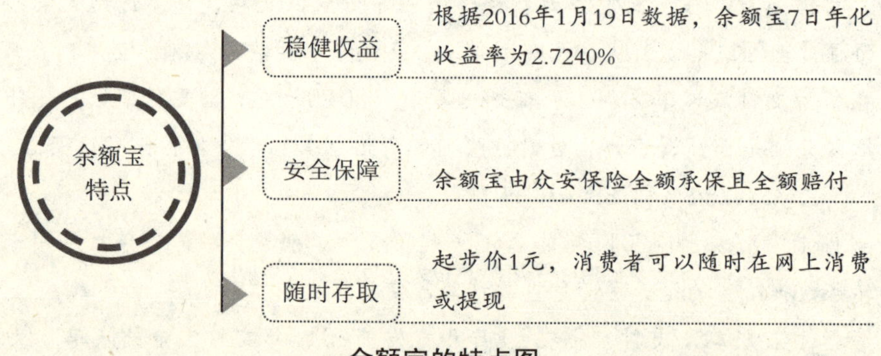


余额宝的特点图

## 余额宝收益

转入余额宝的资金在第二个交易日由基金公司进行份额确认，对已确认的份额，基金公司产生收益的当天在次日下午15点之前在余额宝中显示。

15点后转入的资金会顺延1个交易日确认，双休日及国家法定假期，基金公司不进行份额确认。

资金收益时间如下表所示。

资金收益时间表

| 转入时间 | 确认份额 | 首次发放收益时间 |
| --- | --- | --- |
| 周四15：00（含15：00）~周五15：00 | 下周一 | 下周二 |
| 周五15：00（含15：00）~下周一15：00 | 下周二 | 下周三 |
| 周一15：00（含15：00）~周二15：00 | 周三 | 周四 |
| 周二15：00（含15：00）~周三15：00 | 周四 | 周五 |
| 周三15：00（含15：00）~周四15：00 | 周五 | 周六 |

余额宝当日收益算法如下：

当日收益=（余额宝已确认份额的资金÷10000）×当天基金公司公布的每万份收益

如已确认份额的资金为8000元，当天的每万份收益为1.25元，代入计算公式，当日的收益为1元。

下表为2016年1月25日余额宝收益数据。

余额宝收益表

| 项目 | 数据 |
| --- | --- |
| 万份收益 | 0.7526元 |
| 7日年化 | 2.6680% |
| 14日年化 | 2.70% |
| 28日年化 | 2.69% |
| 近3月收益 | 0.69% |
| 近1年收益 | 3.55% |

下图为截至2016年1月25日，余额宝收益走势图。

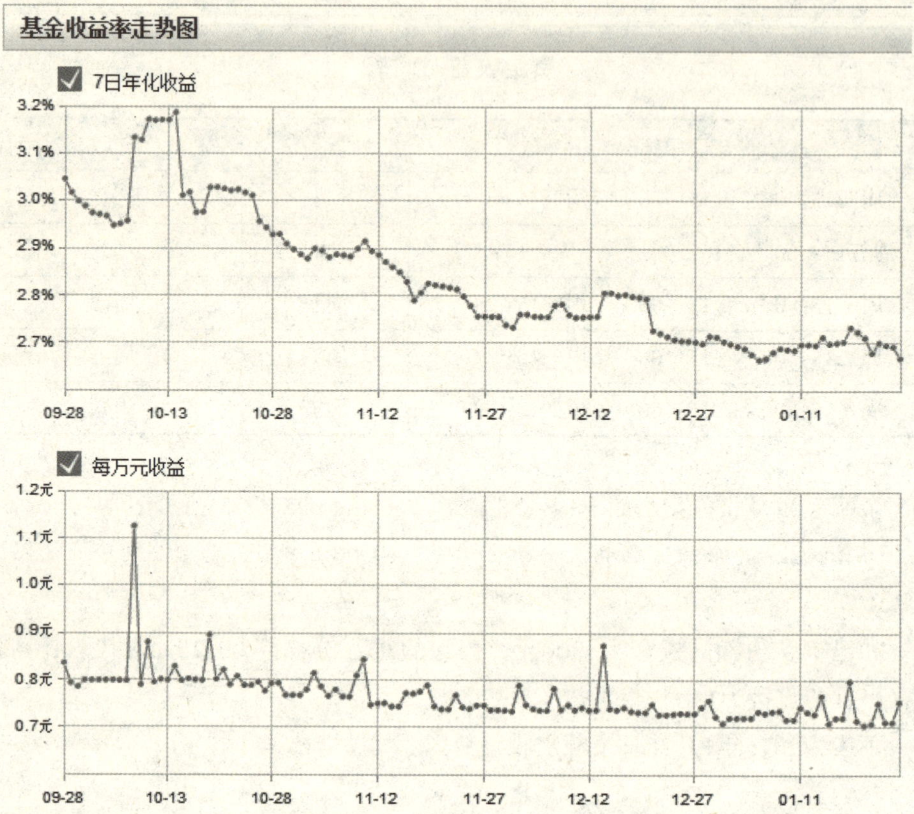

基金收益率走势图

7日年化收益

3.2%
3.1%
3.0%
2.9%
2.8%
2.7%

09-28　10-13　10-28　11-12　11-27　12-12　12-27　01-11

每万元收益

1.2元
1.1元
1.0元
0.9元
0.8元
0.7元

09-28　10-13　10-28　11-12　11-27　12-12　12-27　01-11

余额宝收益率走势图

## 余额宝用户量破2.6亿，1年创收231亿元

2016年1月26日，蚂蚁金服公布余额宝年度数据显示，截至2015年年底，余额宝规模增至6207亿元，2015年全年为用户创造收益231亿元。在2015年发达城市新用户中，外来务工人员占比上升至一半以上；乡镇和农村理财全面崛起，每7个用户中就有1个来自农村地区；90后取代80后，成为互联网理财中坚力量。

**看点一：广东“宝粉”最多，江浙“宝粉”最“土豪”**

在地域分布上，按省级行政区域划分，广东的“宝粉”最多，占全国余额宝用户的13.2%；江苏第二，占全国余额宝用户的7.9%；浙江第三。而TOP10城市则分别是：北京、上海、广州、深圳、成都、杭州、重庆、苏州、武汉和东莞。

更多的余额宝用户增长则来自经济相对落后的地区。其中，四、五线城市的余额宝用户规模增长速度最快，分别达到48.1%和45.5%。

按各个城市的人均申购金额来看，杭州人最“土豪”，人均购买余额宝金额最高，其次是上海、北京。总体来看，江浙地区用户的理财投入更多，在人均购买金额最高的十大城市中，江浙地区的城市占了8个席位。

**看点二：余额宝释放农村理财需求**

数据显示，在2015年余额宝用户中，农村地区的用户规模同比2014年激增了65%，数量占到整体的15.1%，相当于每7个余额宝用户中就有一个来自农村。

据统计，80、90后则是农村理财大军的中坚力量，占到农村用户总数的近80%，其中，18～22岁的农村中学生和大学生用户的占比达到近20%，相当于每5个农村余额宝用户就有1个是学生。

## 招财宝

招财宝是开放的金融信息服务平台，为用户提供灵活的定期理财信息服务。截至2015年12月17日，招财宝累计成交金额已经近4000亿元，投资用户累计收益超过20亿元。

招财宝LOGO

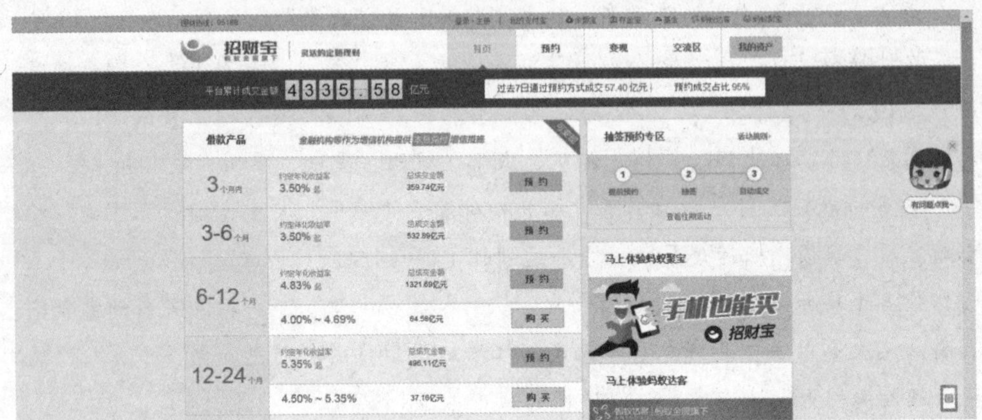


招财宝首页截图（2015-1-22）

招财宝平台主要有两大投资品种，如下图所示。

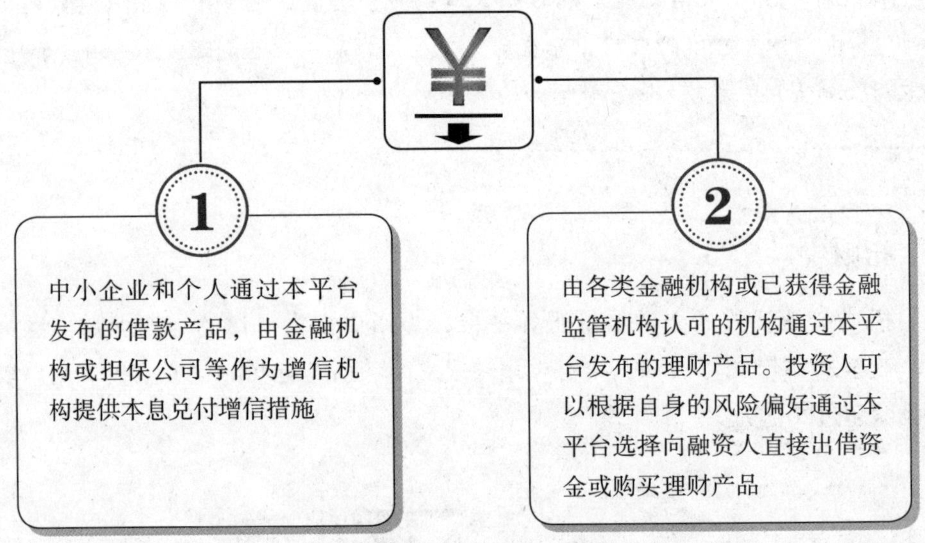


招财宝的两大投资品种图

招财宝公司基于蚂蚁金服集团的金融大数据、云计算基础能力，在融资人、投资人与理财产品发布机构之间提供居间金融信息服务，以帮助各方完成投融资交易信息撮合。招财宝公司不发布任何理财产品或借款项目，不设立资金池，亦不为交易各方提供担保。

## 招财宝、余额宝后现寡头，谁更长袖善舞？

近日，互联网金融又遇大事，百度与中信银行成立直销银行——百信银行，这意味着BAT三大巨头均以不同形式拿到银行牌照。至此互联网金融“井喷式”发展过后，进入了新的排位赛，行业加速优胜劣汰，向寡头时代迈进。正如行业人士评价“互联网金融指导意见出台后，互联网金融将加速洗牌，预计2016年年底整个互联网金融理财端格局就会比较清晰，将出现少数寡头，有可能是两家超大型寡头”。

于是行业内外开始纷纷猜测：在互联网金融理财端寡头时代来临之际，谁会被剩下来？以下三类则成为大众眼中未来巨头的希望：（1）拥有深厚背景的“富二代”，如有腾讯微信支付支撑的微众银行和阿里支付宝背后的招财宝。（2）自身专业背景过硬，将风控做到极致的正苗儿，比如平安系的陆金所等。（3）不局限于P2P模式的综合理财平台，用P2B和P2G等模式实现差异化的“草根派”。如铜板街、挖财等。因此今天响铃这货以“坐井观天”之功短评几款明星产品，看看谁最有可能成为最后的霸主。

**看点一：“富二代”招财宝，拼爹近期不可期**

招财宝是用“团购”的方式汇聚起资金相对少的“散客”并让其享受大额购买才能享受到的年化收益。这种模式刚好借助于余额宝海量用户做后盾，并通过统领电商的老爹阿里不断输血从而表现出巨大的想象空间。阿里力推招财宝也是“司马昭之心路人皆知”：一是希望延续余额宝的辉煌；二是转化电商集聚的海量用户的存量理财资金，再造阿里金融帝国。但这一步棋是否真能称心如意，“富二代”招财宝靠拼爹是否能成常胜将军，现在还不要太乐观。

从招财宝变现的核心功能来说，只是将理财产品的收益权变更，而没有增加新的价值，他的变现功能实际上是把A用户手里的理财产品到期收益作为抵押，使得提供个人贷款项目的B用户享受到期收益。一个没有创造价值的产品终究做不成生态。

招财宝如要“独霸一方”，仍受制于以下两点：

第一，行业市场规模核心功能是否为强兵刃，也就是变现功能是否真能突破风险，且固化收益还不影响招财宝理财产品规模。

第二，招财宝目前仍然面临着诸多不确定性，如：（1）交易规模提高，资金交易增加后，交易风险如何规避？（2）如何应对因国家基准利率发生较大幅度变化产生的利息差和供需不平衡。（3）在5%～7%相对较低的收益率之间，招财宝如何保障自身成长的速度和规模。（4）招财宝如何做到在不抢余额宝生意的同时，还能在老爹面前“呼风唤雨”。

总之，阿里在让余额宝与招财宝左右互搏之时，总有损伤，短时间拔得头筹可能性不大。

**看点二：铜板街是否迈向康庄大道未成定数**

再说说铜板街这类探索行业差异化发展路径的综合理财交易平台，据官方数据显示：截至2015年11月10日，铜板街的累计交易额已经超过了500亿元，注册用户超过680万户。这个成立3年的草根一族，前期通过与找钢网、优信拍等企业合作，实现产业链深度融合，创造诸多个性化理财产品；后又融入供应链金融、汽车金融、消费金融、经营贷款等多类理财产品，一直在垂直细分市场走“农村包围城市”的路子，前两天还上线了5.0版本，开始新的探索。然而这个方向是否就是康庄大道，目前也未成定数。

1. 可以看到铜板街5.0新版本对理财产品进行了分类，划分出新手专享、定期理财、银行票据等类别，也优化了列表样式，是希望让理财一目了然。这确实让分类更加明晰，界面更加直观。而新版本上线特设“转让专区”和开售倒计时等功能，在满足用户随时随地变现的同时，也充分表现出铜板街作为理财平台的灵活和高效，同时也增强了自身的电商平台元素：开放交易、自由转换，透明操作，其中利弊各有取舍。但必须指出铜板街通过客户端为客户提供便捷服务（成本可能较高），最大化实现包揽客户金融需求进行交叉销售，这是商超模式，也是地产模式。

2. 铜板街的产品和BAT的平台不同，BAT皆是股票、基金、保险产品等标准化产品，但铜板街多是非标准化债权产品，这类非标产品安全性好，收益率也相对较低（不过还是高于银行理财产品且稳定），同时考验着团队的精耕细作能力。

所以，铜板街能否熬到最后，一方面取决于互联网金融大市场的成熟度，另一方面也受团队的运营能力影响，我们暂且边走边看。

**看点三：网络银行新贵微众银行短时难掌舵**

“无网点、无柜台、无财产担保”的互联网银行也被看做是互联网金融未来的顶梁柱，阿里系的网商银行、腾讯系的微众银行也成为掌上明珠。近日微众银行还上线了微粒贷，试图通过纯线上业务模式去“火烧”传统银行的后院。不可否认，这种去掉繁琐流程的网络模式充分发挥了互联网模式的快捷性。但随之而来的风险也在蔓延滋生，况且微众银行要处理的“麻烦”还远不止这些。

**看点四：余额宝都“廉颇老矣”，微众银行难道要步其后尘**

单纯的网上模式就有束缚，如即使可以不面签，开户总需要用户当场“验明正身”。而且他行还款、银行贷款资金不足等问题的解决也还在摸索阶段。即便未来能做到远程开户，客户的真实性（含真实身份和真实意愿等）又该如何保证?

微众银行并未在应用场景上有所创新，目前仍然停留在产品包装和价格吸引的层面，并未发挥出腾讯系在征信、社交媒体、移动支付、大数据等领域的优势。

或许，我们真的高估了腾讯在互联网金融领域的能力，微众银行这类轻资产、平台化、交易型的互联网民营银行还需时间考验。

**看点五：是非成败，或有定数**

互联网金融本质是信息中介与资金中介的融合，因为金融是解决资金时空的分配问题，互联网是解决信息不对称问题，互联网金融是将金融信息利用互联网方式解决信息不对称的问题，只有符合这样逻辑的金融产品或平台才有可能存活下来。尤其是现在，货币基金规模受宏观利率和流动性等影响，多数互联网金融业态都从早期的高速渗透进入到平稳发展阶段。于是响铃这货再“武断”一回抛出以下观点，等待时间验证。

既想做中介又想玩金融的墙头草注定竹篮子打水一场空。

能否成为寡头，刚开始取决于自身产品的设计逻辑、盈利模式和应用场景，而后仍然由这三方面决定，所以或许一开始就注定了结局。而我们可以在产品设计和盈利模式上发力。比如：

在产品设计上：从B2C向C2B转变，增强个性化，重点开拓碎片化、场景化的小额高频消费金融市场。

在盈利模式上：靠手续费赚钱的传统金融方式将寸步难行，盈利方式需重点考虑支付入口化，同时需善用互联网特质，实现盈利方式转变。如利用互联网的零边际成本，服务于长尾用户，重点满足小微投融资需求。或扩展交易场景，实现金融服务价格转移，本身业务可能不赚钱，依靠关联交易赚钱。

玩得转互联网和金融的才可能“长袖善舞”，一要懂得互联网“流量”和“入口”的重要性。既要抓优质流量获得优质用户，又要开放用户触点增强用户黏度。二要“保护”和经营好金融风险，那些投机取巧的跑路者永远只能是反面教材！

中小创业者不妨关注行业新的机会，比如对不良资产处理和第一产业的互联网金融等。这些市场空间大，需求已经打开，且呈趋势性增长，同时巨头短期还不会出现的细分市场或留有空间。

最后以行业人士的一段演讲作结尾：互联网金融改变不了金融的本质或者风险，而是更加高效和透明去做金融，传统金融文明是以金融机构为核心，而新金融文明则以理财和借款客户为中心。寡头时代的互联网金融理财端更应为客户提供高效、平等、透明的服务，这才是我们要的时代。

## 存金宝

存金宝是由蚂蚁金服旗下支付宝公司与博时基金共同打造的黄金存取服务，买入存金宝即购买了由博时基金直销的博时黄金ETF的I类份额。博时黄金ETF基金是一款投资现货黄金的ETF基金，为用户提供1元起买、买卖均0手续费的便捷服务，还给其持有者提供“买黄金生黄金”的权益。

存金宝的特点与实物黄金对比，如下图所示。

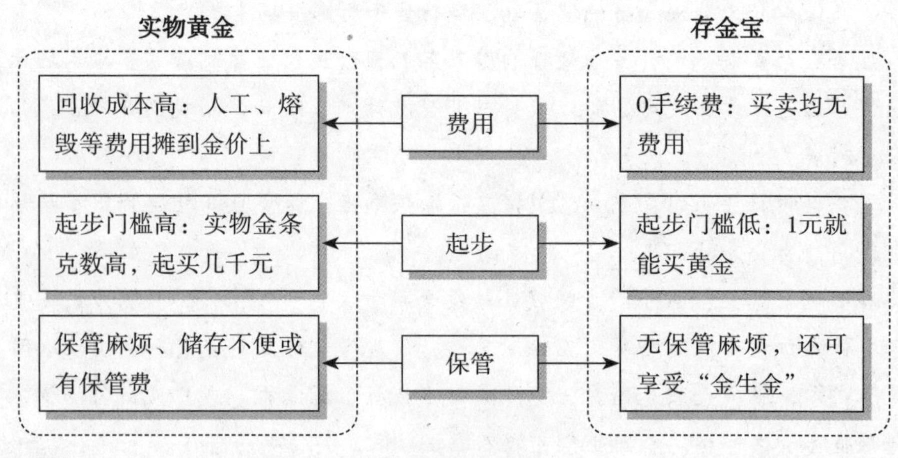


存金宝的优势图

# 第二节　阿里金融

阿里金融亦称阿里小贷，是小微金融服务集团下的微贷事业部，主要面向小微企业、个人创业者提供小额信贷等业务。

## 阿里金融体系

阿里金融已经搭建了分别面向阿里巴巴B2B平台小微企业的阿里贷款业务群体，和面向淘宝、天猫平台上小微企业、个人创业者的淘宝贷款业务群体的微贷产品。阿里金融体系如下图所示。

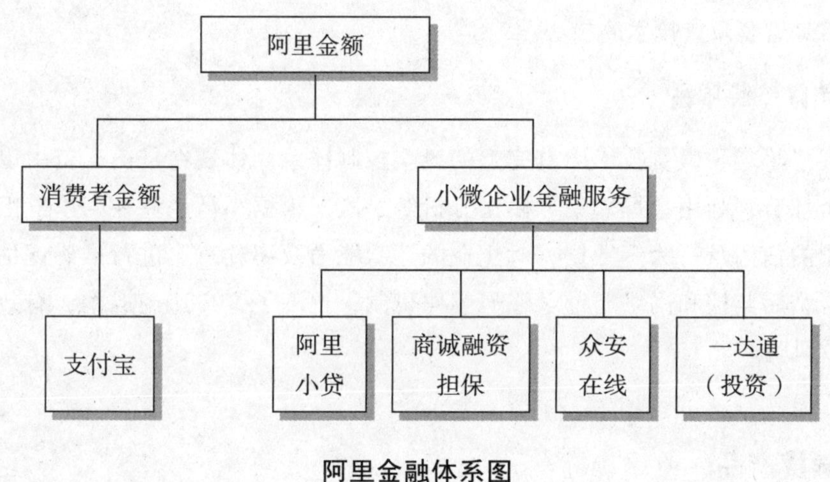


阿里金融体系图

## 服务的特点

阿里金融服务主要有三个特点，如下页图所示。

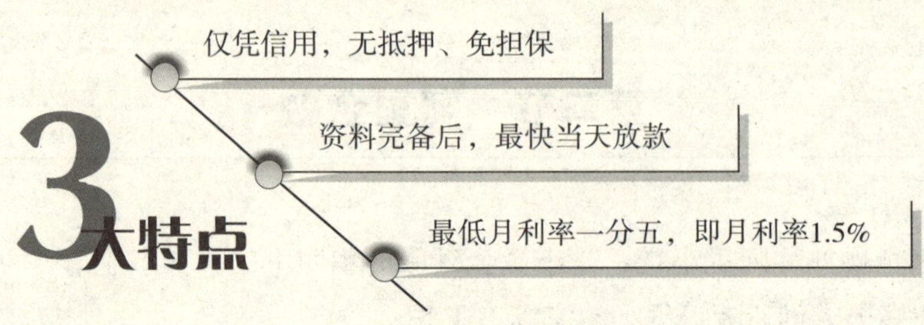


阿里金融服务特点图

## 运营模式

### 微贷技术创新

阿里金融所开发的新型微贷技术是其解决小微企业融资的关键所在，数据和网络是这套微贷技术的核心。

### 风险控制体系

阿里小贷、微贷技术中有完整的风险控制体系。体现在贷前、贷中以及贷后三个环节，利用数据采集和模型分析等手段，根据小微企业在阿里巴巴平台上积累的信用及行为等数据，对企业的还款能力及还款意愿进行准确评估。同时结合贷后监控和网络店铺／账号关停机制，提高了客户违约成本，有效地控制贷款风险。

## 微贷产品

阿里金融的微贷产品，且均为纯信用贷款，不需要小微企业提交任何担保或抵押。而针对小微企业资金运用短平快的特点，这些微贷产品在设计上均支持以日计息，随借随还。阿里金融主要提供四种微贷产品，如下图所示。

产品一　**淘宝（天猫）订单贷款**

淘宝（天猫）卖家以个人（企业）名义，用店铺中处于“卖家已发货，买家未确认收货”状态的订单申请贷款，系统对这些订单进行评估，在满足条件的订单总金额范围内计算出可申请的最高贷款金额，发放贷款

产品二　**淘宝（天猫）信用贷款**

淘宝（天猫）信用贷款提供给淘宝店主（天猫商户），无需抵押或担保。系统在综合评价申请人的资信状况、授信风险和信用需求等因素后自动核定授信额度

产品三　**淘宝（天猫）聚划算专项贷款**

淘宝（天猫）聚划算专项贷款是提供给有参加聚划算活动的淘宝（天猫）卖家。卖家成功参加聚划算活动，在冻结保证金之前，系统会根据卖家店铺的运营状况以及参团商品属性给予综合评估，最高可以申请到100万元的信用额度。聚划算专项贷款只能用于冻结聚划算保证金使用

产品四　**阿里信用贷款**

阿里巴巴B2B电子商务平台上的诚信通（中国站用户）或中国供应商会员（国际站用户）无需提供担保即可申请。在综合评价申请人的资信状况、授信风险和信用需求等因素后核定授信额度

**阿里金融的四种微贷产品图**

# 第三节　网商银行

2013年6月，马云表示："未来的金融有两大机会，一个是金融互联网，金融行业走向互联网；第二个是互联网金融，纯粹的外行领导，其实很多行业的创新都是外行进来才引发的。金融行业也需要搅局者，更需要那些外行的人进来进行变革。"

## 银行开业

2015年5月27日，网商银行获开业批复。2015年6月25日，网商银行在杭州宣布正式开业。网商银行是中国首批民营银行试点之一，在2014年9月底获准筹建，由蚂蚁金服、复星、万向、宁波金润、杭州禾博士和金字火腿等六家股东发起设立，注册资本40亿元。

## 获批筹建

2014年9月29日，中国银监会确认同意浙江省杭州市筹建浙江网商银行。筹建工作应自批复之日起6个月内完成，并按照有关规定和程序向当地银监局提出开业申请。如未能按期完成筹建，应在筹建期限届满前1个月向银监会提交筹建延期报告。筹建延期不得超过一次，最长期限为3个月。逾期未提交开业申请的，筹建批准文件失效。

## 股权分配

对于浙江网商银行批复显示，浙江蚂蚁小微金融服务集团有限公司认购该行总股本30%的股份；上海复星工业技术发展有限公司认购该行总股本25%的股份；万向三农集团有限公司认购该行总股本18%的股份；宁波市金润资产经营有限公司认购该行总股本16%的股份；其他认购股份占总股本10%以下企业的股东资格由浙江银监局按照有关法律法规审核，其中金字火腿（002515）持有浙江网商银行3%的股份。

媒体看点》

## 阿里网商银行正式开业：最多贷款500万元

2015年6月25日，首批民营银行试点之一网商银行在杭州宣布正式开业。目前，网商银行的管理团队已经全部到位，具体业务有望在7月开展。

网商银行是中国第一家将核心系统架构在金融云上的银行。基于金融云计算平台研发的银行核心系统，让网商银行拥有处理高并发金融交易、海量大数据和弹性扩容的能力，利用互联网和大数据的优势，给更多的小微企业提供金融服务。

目前，网商银行的管理团队已经全部到位。据浙江银监局批复文件显示，蚂蚁金服总裁井贤栋任网商银行董事长、俞胜法任行长、赵卫星任副行长、唐家才任首席信息官、冯亮任产品总监、童正任合规总监、车宣呈任财务部门负责人、廖旭军任内审部门负责人。具体业务在7月开展。

网商银行董事长井贤栋在开业仪式上表示，从筹建之初，网商银行就将普惠金融作为自身的使命，希望利用互联网的技术、数据和渠道创新，来帮助解决小微企业融资难、融资贵、农村金融服务匮乏等问题，促进实体经济发展。

井贤栋说："网商银行要以技术与数据驱动，做一家服务最好、有情有义的银行。"

**有情有义：服务小微企业不做500万元以上的贷款**

在开业之前，网商银行行长俞胜法曾表示：网商银行将立足于服务小微，不做500万元以上的贷款，不做"二八法则"里20%的头部客户，而是以互联网的方式，服务"长尾"客户。

"小微企业、个人消费者和农村用户，是网商银行的三大目标客户群体。"俞胜法说，作为现有金融机构的补充，网商银行要探索一套新的运营方式，来服务好这三类客户，必须要了解他们的真正需求。

比如说，小微企业用贷款，最看中时效，希望能"即贷即到即用"。以往银行的贷款审批流程都比较长。曾有小微企业主打趣说：“贷款买凉席，等钱到了都能买棉被了。”此外，小微企业贷款还看中灵活性，希望能随借随用、随时还款。

“网商银行与客户的关系，不仅是信贷关系、合同关系，还要加上朋友关系，了解朋友的需求，帮助朋友分担困难。”俞胜法说，网商银行要在提供金融服务的同时，还要从小陪伴、帮助客户成长。

依托移动互联网“永远在线”的特性，网商银行将真正实现为用户提供“随时、随地、随心”的金融服务。比如，小微企业主或创业者需要贷款时，打开手机，就能获得贷款。同时，提前还款的功能，也让贷款灵活性更高，可支持随时还款。

网商银行副行长赵卫星表示，依托大数据的分析与刻画，网商银行会比用户自己更了解用户，这样，网商银行就能真正地把金融服务融入场景里。

在俞胜法看来，网商银行的“有情有义”就体现在提前洞察客户的需求，帮助用户分担困难，陪伴用户成长。这也是网商银行的一个不同之处。

另一个不同之处，在于对信用的理解。俞胜法说，网商银行希望做一家经营信用的银行。

“以往，银行经营贷款都需要抵押、质押或担保，但是，这些都不太适用于小微企业和个人消费者。”俞胜法表示，他希望网商银行能够建立一套互联网信用体系，帮助用户发现、积累、创造和消费信用，最终让信用等于财富。

**技术与数据驱动平台化运营**

想做一家服务“长尾”客户的“有情有义”的银行，网商银行凭借的是自己创新的技术和数据能力，以及平台化的思维。

根据规划，网商银行将以互联网方式经营，不设物理网点、不做现金业务，没有分行、没有柜台，纯粹线上运营。

俞胜法透露，网商银行将基于云计算的技术、大数据驱动的风险控制能力，采取“轻资产、交易型、平台化”的运营思路。

所谓轻资产，是指不走依赖资本金、物理网点、人员扩张的发展模式，而是用互联网的方式，数据化运营。所谓交易型，是指不以做大资产规模，追求商业利润为目标，更快速地实现资金的循环流动。

平台化的思路，则是网商银行将风险管理能力，技术支撑能力、场景化的客户服务能力，开放共享给同业金融机构，进而更高效地实现金融服务需求与供给的高效匹配，形成开放式、生态化的平台。

"比如，一些小微企业发展壮大之后，超出了网商银行服务的能力范围，我们会把这些客户推荐给其他银行。还有，农村金融是网商银行的战略重点之一，但一家银行远无法满足农村市场的巨大需求，网商银行可以把自己的技术和风控能力输出给其他的农村金融机构，协助他们开拓新的服务渠道，完善服务手段，共同服务农村市场。"俞胜法说，网商银行同时也可以通过平台化的方式输出自己的技术能力和风控能力，其他金融机构可以提供资金，一起服务小微企业。

平台化运营的基础，则来自于网商银行的技术与数据。网商银行是中国第一家将核心系统运行在"云"上的银行。基于金融云的架构，网商银行在大幅降低IT成本的同时，还能实现计算能力的弹性扩容，随时应对突然增长的互联网业务。

此外，基于金融云计算，网商银行已经实现了"同城双活"系统架构，并计划在一年内实现"异地多活"。目前，在网商银行的300多名员工里，技术与数据人员占比约2/3。

数据则是网商银行的另一项核心竞争力。俞胜法透露，未来，网商银行与蚂蚁小贷的部分业务将逐步融合。这意味着，网商银行将继承蚂蚁小贷的大数据风控体系。

这套体系已经实践了5年。在过去5年里，蚂蚁小贷已经为160多万家小微企业和个人创业者解决了融资需求，累计发放贷款超过4000亿元，整体不良率低于1.5%。

俞胜法表示，在云计算技术与大数据驱动的基础上，通过"轻资产、交易型、平台化"的经营思路，网商银行希望最终形成一个"小银行、大生态"的局面，与同业金融机构一起为小微企业、个人消费者和农村用户提供普惠金融服务。

# 第八章 合作，阿里巴巴的共赢

## 导言：

阿里巴巴的特点一向是“什么赚钱做什么”，而通过对阿里巴巴的研究也可以发现其非常善于资源的整合利用。对于这一点，在阿里巴巴与其他企业的合作上表现得十分明显。

# 第一节　阿里和苏宁合作

## 阿里巴巴战略投资苏宁

2015年8月10日，苏宁在"'互联网+'零售紫金峰会"上，公布了阿里巴巴战略投资苏宁，内容主要有三点，如下图所示。

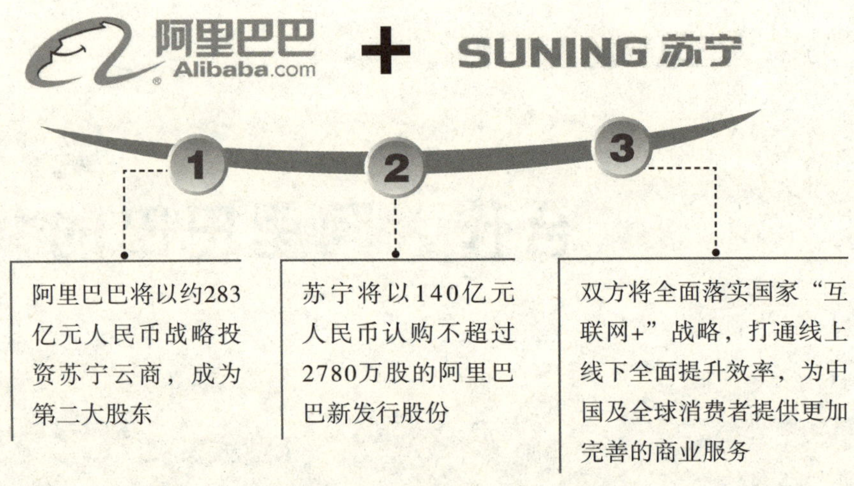


阿里巴巴和苏宁合作内容图

## 线上线下大融合

阿里巴巴投资苏宁实现了线上线下的大融合，是双方"互联网+"与O2O战略的推进，主要体现在三个方面，如下页图所示。

| | |
|---|---|
| 体现一 | 苏宁的线上销售额会大幅增加。在阿里的投资下，利用阿里的大数据、互联网技术、菜鸟网络、金融服务将使苏宁线上销售大幅提速 |
| 体现二 | 加强阿里的线下体验。苏宁线下所有的门店，都会向淘宝、阿里的商铺进行全面开放，无论是商品品牌的展示、销售、物流，等等。消费者可以在苏宁云店内体验、下单，以此实现阿里电商服务的落地化 |
| 体现三 | 物流、仓储、售后等方面的合作。网络完善的菜鸟物流结合苏宁自有配送体系，利用阿里巴巴大数据和云计算的优势智能化定制最佳配送方案，依托苏宁遍布全国的1600多家门店等资源，消费者可以就近获得相应的售后服务 |
| 体现四 | 截至2015年8月10日，苏宁物流拥有452万平方米仓储面积，4个航空枢纽、12个自动化分拣中心、660个城市配送中心、10000个快递点，在中国90%的城市实现次日送达。苏宁物流成为菜鸟网络的合作伙伴，合作后的物流几乎覆盖全国2800个区县 |

线上线下的融合图

## 【拓展阅读】 逍遥子内部信

### 逍遥子内部信

各位阿里人：

向大家报告一个好消息！

风起于青萍之末，舞于松柏之下。任何足以影响社会进程、商业历史、消费趋势的标志性事件，看似偶然，但一定有他容易被人忽略但是又坚持不懈地开始的过程。这次合作便是如此。

1. 不论是阿里巴巴，还是苏宁云商，我们都是最充分的市场竞争的参与者和获益者。从无到有，我们抓住了改革开放的红利，我们抓住了互联网时代的机遇，我们抓住了社会发展的趋势，我们抓住了亿万消费者和客户实实在在的需求。我们在不断解决自身挑战、市场挑战，无时不在的挑战的同时，赢得了现在并将一起创造未来。

2.不论是阿里巴巴，还是苏宁云商，我们都是自身理念喋喋不休式的布道者和舍我其谁的先行者。我们坚信互联网一定将改变人类的未来，我们坚信新商业文明将秉承利他主义的基因，这是我们双方朴素一致的理念，也是双方坦诚的心态。用马总的话讲，什么是开放，开放就是从无到有，从有到无，开放就是我们坚信解决社会发展中的问题，成就消费者，成就客户，成就他人是成就未来的最短路径。

念念不忘，必有回响！

在此，我也给阿里巴巴集团的每位阿里人，每个兄弟姐妹提出集团对大家的三点要求：

1. 我们要用最快的时间，把我们双方的合作变成消费者实实在在的方便和实惠。很快，苏宁的3C家电品类将与天猫电器城形成最强组合；苏宁多年打造的线下配送安装服务体系将为菜鸟合作伙伴，服务所有淘宝、天猫消费者和商家；苏宁覆盖全国所有重点城市地区的1600多个线下门店也将与阿里全线打通。激动人心的绝对不是一纸战略协议，激动人心的永远是实实在在的能力提升。我们每个人都要全力以赴。

2. 我们要协同所有的合作伙伴，帮助各行各业，通过互联网工具，优化生产流程、缩减渠道成本、建立连接消费者的新通路。用一个一个的案例和结果，不断地加速未来商业的基础设施建设和探索，作为新商业的“水电煤”基础服务提供者，为各个行业互联网化尽心尽力。

3. 我们要心存感恩和敬畏，真心实意地感谢、拥抱、服务选择阿里巴巴的每一个客户、朋友和合作伙伴。相互融合，你中有我，我中有你，为了共同的目标，共同的客户和用户，大家透明、共享、共同努力，这才是健康的生态体系应该有的状态，这也是每个阿里人对我们所有的朋友、客户、合作伙伴，必须具备的格局和胸怀。

自古华山一条路，走的人多了，就会变成千千万万条路！各位兄弟姐妹，请把我们的脚印、理想、快乐、汗水，跟我们的客户和伙伴一起，清晰地印在我们走过的每一个地方。

认真做梦，踏实做事；始于坚持，成于开放！让我们一路前行！

逍遥子（张勇）

阿里巴巴集团CEO

## 第二节　阿里和美的合作

### 美的阿里线上线下全面合作

2015年4月3日，美的集团与阿里巴巴集团在美的总部签署了美的集团与阿里巴巴集团2015年战略合作协议：美的集团在阿里系平台上将完成110亿元成交额，双方在智能云平台、产品定制、O2O渠道建设等方面进行深度合作，共同打造“‘互联网+’制造业”的典型范本。

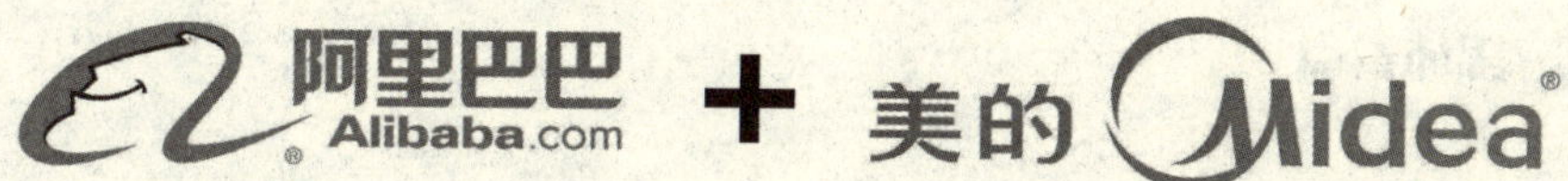


### 五大领域全面合作

全面合作协议确定了2015年美的系品牌在阿里系平台销售目标为110亿元。根据此次签署的销售目标，美的系产品在阿里系平台的销售将再度实现超100%的增长，美的电商的销售也将在2015年攀上新的高峰。

据数据显示，2014年美的全电商平台销售额近100亿元，其中淘系平台成交53亿元，同比增长105%。在家电行业中，美的电商销售排名第一，单品类占比第一的达11个，洗衣机、中央空调、热水器、冰箱、家用空调等线上销售增长超过200%。

此外，美的与阿里巴巴还就品牌资源互换与整合营销、分销渠道建设及系统全面对接、云产品与智能家电合作、供应链与仓储对接、产品定制等五方面达成共识、签订协议。双方会在这五大领域上深化合作、全面对接。

## "互联网+"模式下的新型生态链价值

美的线下拥有约2000家旗舰店、13000家专卖店及18000多个售后服务网点等优质资源，双方如能在分销渠道中探索出新的O2O模式，实现阿里与美的生态体系的融合，将让传统线下销售分享互联网发展的红利，也能为"互联网+"延伸至各级市场提供快捷通道。

自2013年起美的提出智慧家居战略，成立智慧家居研究院。2014年年底，美的就已实现30个白电品类的互联互通，支持安卓、苹果双系统的智能家电管理应用美居APP也正式上线。至2016年美的智能家电产品销量占比将达八成。而阿里云是国内最大的公共云计算服务提供商。双方在云平台的合作内容包括数据交换，美的将借助用户行为等大数据改进产品研发和生产，改变传统的生产模式。

**媒体看点**》

### 110亿元大手笔：阿里和美的在一起了

"互联网+"无疑是近期最火的关键词。制定"互联网+"行动计划已写进2015年的总理政府工作报告，纳入了国家经济的顶层设计。李克强总理特别提出："我想站在'互联网+'的风口上顺势而为，会使中国经济飞起来。"

在"互联网+"传统制造业领域，阿里与美的集团进行了多方面的探索和创新。2008年，美的试水互联网销售，在天猫开设旗舰店。2011年，美的在线交易额为7.16亿元，直到2014年，这个数字突破了100亿元，来自天猫和淘宝的成交占一半以上。根据此次阿里与美的签署的战略协议，2015年，美的将在阿里平台上完成110亿元的销售额。

对此，美的集团董事长方洪波表示："与阿里的战略合作并非单纯的追求电商销售额的增长，而是希望通过两家的尝试，寻找到制造业与互联网企业的更有价值的合作。”

2014年，美的与阿里迈出合作的第一步，共同构建基于阿里云的物联网开放平台，实现家电产品的连接对话和远程控制，并发售首款物联网空调。

简单来说，依托于物联网、云计算等先进技术，消费者只要凭借一部手机就能对空调进行远程控制，使其自动完成开机、调节温度等指令。此举掀起了智能家电风潮，对整个中国制造业都产生了深远影响。

根据此次签署的2015年战略合作协议，阿里与美的合作将继续深化。合作内容包括双方数据交换，美的将借助用户行为等大数据改进产品研发和生产，改变传统的生产模式。

阿里将依托美的线下几千家专卖店的资源发展O2O模式，让阿里整个生态体系与美的营销体系深度融合，实现营销体系的互联网化，令传统线下经销商能分享互联网的发展红利。

阿里巴巴集团首席运营官张勇表示：“互联网+”是这个时代最大的机会。互联网技术与传统经济的结合将激发中国经济的最大活力。

未来，除了与阿里云和天猫的合作之外，与美的的合作领域还可以延伸至支付宝、阿里金融、码上淘、品牌码、会员体系等阿里生态系统。

## 第三节　阿里和新浪合作

### 阿里巴巴牵手新浪微博

2013年4月29日，阿里巴巴与新浪微博签署战略合作协议，阿里巴巴斥资5.86亿美元购入新浪微博公司18%的股份，并可增持至30%。

阿里巴巴入股新浪微博三个月后，双方首次对外披露阶段性进展，微博淘宝版上线。根据合作内容，新浪微博与淘宝将账号互通，两家公司的数据也将交换。

账号互动是前奏，淘宝卖家可在新浪微博淘宝版直接发布商品，并通过后台进行商品管理及商情监控。未来数据交换之后，微博用户或接到更有针对性的广告推广。

就在市场盛传，腾讯封杀一批微信营销账号，阿里巴巴将屏蔽微信淘宝客类营销应用数据接口时，阿里巴巴与新浪微博的此轮合作更显深意。

## 账号互通挖掘数据

根据合作细节，新浪和淘宝账户绑定后，微博用户可直接登录淘宝平台完成交易、支付等；而淘宝卖家的旺铺后台嵌入微博体系，卖家可以在淘宝后台直接向新浪微博发布商品、微博。此外还可实现商情监控、转化率分析、影响力分析等多个功能。

从目前来看，微博淘宝版更像是针对淘宝卖家的服务。在卖家发布商品之后，将显示商铺名称、商品图片、商品价格等。微博用户可点击直接跳转到淘宝页面购买。

账号互通后将形成规模数亿的超级账号体系，微博可低成本吸纳一些热衷电商的新用户；随着合作的深入，百万甚至千万级别的卖家沉淀下来的微博用户消费数据及消费兴趣，将助力新浪微博的大数据挖掘，分析用户潜在的消费动机，让社交电商更为精准和智能化。

## 平衡用户体验

新浪微博的商业化一直是关注的焦点。2012年新浪微博全年营收为6600

万美元，相关支出为9300万美元，其中77%依赖广告，23%来自游戏以及增值服务。

新浪微博有来自旗下5亿多用户的社交数据，而且与天猫、淘宝网的用户重合度高达40%。天猫、淘宝网的用户数量约为5亿，这意味着有2亿用户既是新浪微博用户，又是天猫、淘宝网会员。

新浪相关负责人对此表示，淘宝卖家加入微博之后，会利用更好的功能向用户推广，新浪微博不会强推，同时，未来一旦实施数据交换和挖掘，双方可以向用户精准推广，从而提升用户体验。

## 阿里与新浪“P2P式联姻”

2013年五一小长假第一天晚上，新浪宣布：阿里巴巴通过其全资子公司，以5.86亿美元购入新浪微博发行的优先股，占微博总股份的约18%。新浪CEO曹国伟表示：“阿里巴巴战略投资新浪微博，双方会共同探索社会化电商和移动电商。微博目前是一个社会化的媒体平台，未来也可以同时成为一个社会化的商务平台，那才是一个真正的生态圈。”这是中国互联网巨头企业中第一家敞开自己的核心业务接纳另一家巨头进入的案例。新浪与阿里携手之后，可能催生出一种全新的商业生态——P2P（Platform to Platform）。

**“P2P式联姻”的意义？**

P2P模式将诞生互联网移动巨头。

新浪微博注册用户人数已经超过5亿，日活跃用户为4700万，75%的活跃用户通过移动终端登录；淘宝在2013年春节时的无线登录用户达到1.5亿；支付宝注册用户数8亿，移动客户端下载量接近4000万次。试想，阿里与新浪微博联姻后打通ID使用，构成的“新浪微博、淘宝、支付宝”生态圈，这就是一个庞大的社会化商务平台，每日产生的流量交易、商品交易、资金交易不可估量。

阿里获得了国内社交和移动领域的流量“入口”，为迎接大数据时代做准备。

再强大的阿里，也有致命的弱点——媒体和社交。而新浪微博恰好兼具媒体和社交两个维度。阿里入股新浪微博，就等于占领了社交媒体领域的“中央电视台”。广告商们可以通过微博用户行为轨迹投放精准广告，亦可通过用户间的社交圈做口碑营销，阿里在新浪微博中的目标受众更可以轻而易举地直接转变为高价值的电商用户。

新浪微博在“式微”期抓住了救命稻草，找到了盈利模式。

新浪微博一直是“叫好不叫座”，始终没有找到较好的盈利模式，怎么挖也没有挖出金矿来。原本在死胡同中打转，又遇到腾讯微信这个劲敌。微信自2012年下半年开始火热，让新浪微博“褪色”不少。阿里的“彩礼”，让新浪微博暂时缓解了在财报上的压力，也让新浪微博可以进行更多的商业化尝试。

**“P2P式联姻”未来面临的挑战？**

阿里的如意算盘能维系多久？

新浪微博用户活跃程度有所下降已是不争的事实。而且，用户长期使用一种社交媒体已经呈现疲态。阿里选择在新浪微博“式微”的情形下“联姻”，存在着一定的风险。阿里牵手新浪微博能否带来长久利益，要看这次“P2P式联姻”能给新浪微博和电商带来多大的活力。

新浪微博用户的隐私保护问题或成发展阻碍。

双方的“用户账户互通、数据交换”约定，等于双方把自己的注册客户信息“卖给”了对方。当各种“淘宝”和“天猫”的微博营销进入用户的眼帘时，尤其是针对用户的好友、性格、爱好、生活习惯营销时，对于用户来说，这不是温暖，而是厌倦和恐惧，阿里应守卫新浪微博用户的公众性和媒体性，不能让用户感觉丧失了隐私保护。

新浪微博从社交媒体变为商业平台？

阿里与新浪微博“联姻”，若将微博变成一个纯商业化的气氛和环境，势必会破坏新浪微博在用户心目中的公信力，用户黏性会受到挑战；如果阿里成为新浪微博唯一的盈利模式，那么未来新浪微博的媒体属性将大幅减弱，社交媒体将沦为非独立性的商业平台。

希望阿里和新浪微博的“P2P式联姻”规避潜在的风险，共同探索互联网的明天，强强联合撞出富有价值的火花，为用户带来更多的精彩！

# 第四节　阿里和魅族合作

2014年2月9日，魅族同阿里巴巴集团联合宣布，阿里巴巴集团将投资魅族5.9亿美元。与此同时，海通开元基金也将投资魅族6000万美元。魅族将共计获得6.5亿美元投资，这也是魅族第一次引入战略投资者，不过双方没有透露6.5亿美元所占股份的比例。

## 合作的影响

阿里巴巴与魅族合作的影响主要表现在两个方面，如下图所示。

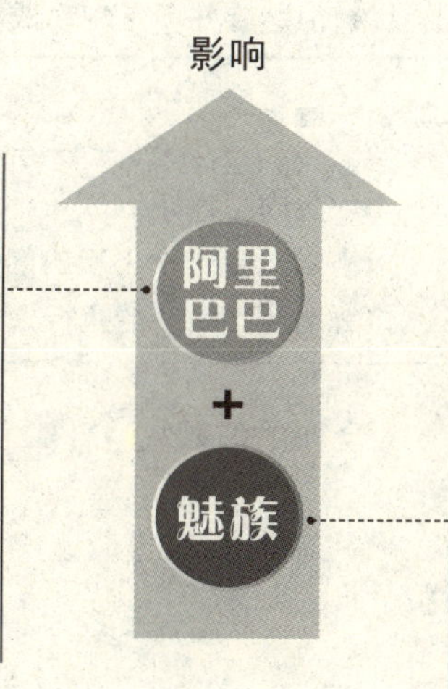


对于阿里巴巴来说，魅族可以帮其发展阿里云OS。阿里巴巴做阿里云OS已近5年时间，已有31个合作伙伴，激活用户超过1000万。从数据上来看，阿里云OS算不上成功，但是与魅族的合作将为阿里云OS从业界和用户两个维度带来广泛关注

对于魅族来说，魅族与阿里巴巴的合作，会帮助他们加速向互联网企业转变，将传统手机厂商的硬件思路转变成提供软件+互联网服务的思路。魅族可以强攻电商渠道拓展销量，内置阿里巴巴的应用软件，反过来刺激阿里的移动互联网流量，打造属于自己的生态圈

阿里巴巴与魅族合作的影响图

## 合作的风险

那么阿里巴巴与魅族合作会不会带来什么风险呢，如下图所示。

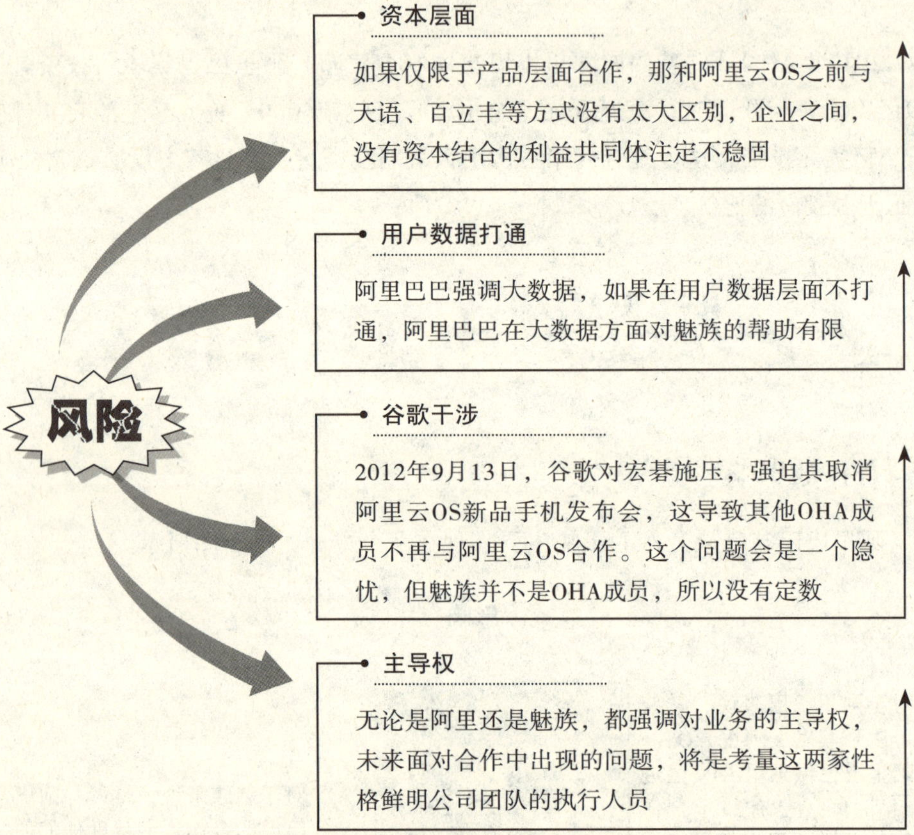

风险

资本层面

如果仅限于产品层面合作，那和阿里云OS之前与天语、百立丰等方式没有太大区别，企业之间，没有资本结合的利益共同体注定不稳固

用户数据打通

阿里巴巴强调大数据，如果在用户数据层面不打通，阿里巴巴在大数据方面对魅族的帮助有限

谷歌干涉

2012年9月13日，谷歌对宏碁施压，强迫其取消阿里云OS新品手机发布会，这导致其他OHA成员不再与阿里云OS合作。这个问题会是一个隐忧，但魅族并不是OHA成员，所以没有定数

主导权

无论是阿里还是魅族，都强调对业务的主导权，未来面对合作中出现的问题，将是考量这两家性格鲜明公司团队的执行人员

合作的风险图

# 第五节　阿里和中国邮政合作

2014年6月12日，阿里巴巴集团与中国邮政集团公司在北京共同签署战略

合作框架协议，双方将在物流、电商、金融、信息安全等领域全面开展深度合作，合力建设中国智能物流骨干网络。

## 合作的目的

阿里巴巴与中国邮政合作的目的主要体现在三个方面，如下图所示。

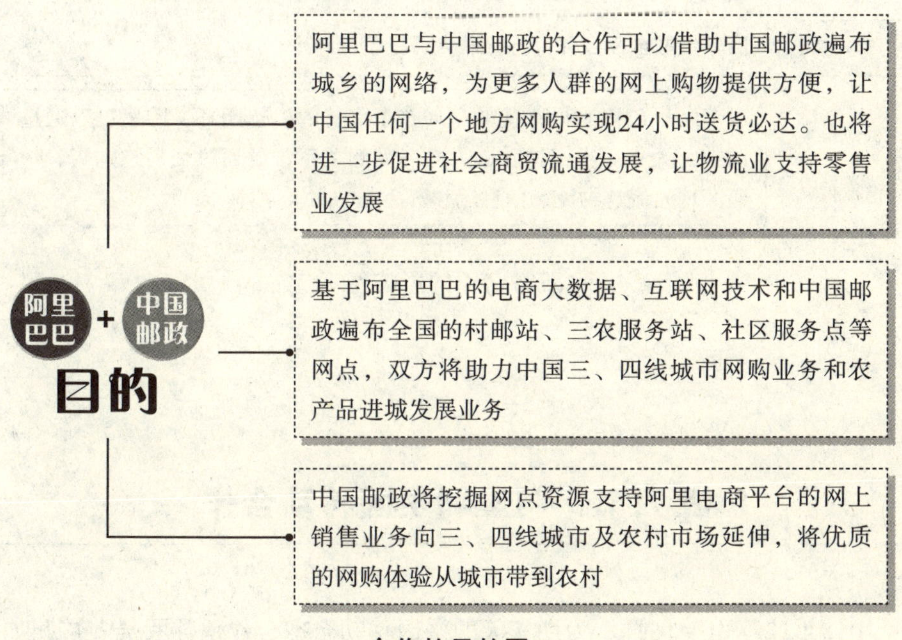


合作的目的图

## 合作的影响

阿里巴巴与中国邮政合作的影响主要体现在三个方面，如下页图所示。

影响一　共享资源搭建菜鸟网络，借助邮政网络弥补物流短板

电商发展最终离不开物流网络，与网络零售行业飞速发展相比，国内的物流业正成为制约中国电子商务高速持续发展的瓶颈

影响二　整合网点资源，创新020新布局

邮政集团对菜鸟网络开放十余万服务网点，共同为商家和消费者提供社会化自提等服务，民营快递的包裹也会在邮政网点实现自提，这意味着邮政和菜鸟的合作从单纯的快递服务延伸到为整个快递行业提供基础服务，这将解决整个物流行业“最后一公里“的难题

影响三　信息金融全面合作，强强联合深挖价值核心

对于阿里巴巴来说，他的布局在于完善的生态闭环，阿里巴巴通过淘宝、天猫等渠道构建起人与商品的关系，再通过交易、购买、快递实现人流、物流、信息流和资金流的闭式循环

双方合作的影响图

## 第六节　阿里和中国移动合作

2015年12月14～16日，为期三天的中国移动全球合作伙伴大会在广州如火如荼的进行中，大会以“助力‘互联网+’”为主题，吸引了近200家全球知名终端、互联网、渠道等行业合作伙伴上万人参加，共商互联网时代发展大计。其中阿里巴巴旗下的YunOS操作系统精彩亮相，成为本次大会的焦点。

## YunOS与中国移动的合作

在YunOS的4000多万用户中，中国移动用户占比达70%。在YunOS的快速发展过程中，中国移动发挥着重要的作用。阿里巴巴集团CTO王坚博士认为，中国移动将与YunOS一起推动整个手机行业向前发展。因为两者不仅有着相同的创新属性，同时在互联网服务方面具有共同目标，而且两者都致力于打造开放平台，与更多的互联网终端企业通力合作，共同发展。

## YunOS生态智能硬件

根据数据显示，2015年国内搭载YunOS机型出货量预计3310万台，占据国内市场份额的7.1%。而据海外市场调研公司IDC数据显示，2015年全球搭载Windows Phone的设备出货量约3134万台。可以看出，2015年YunOS在全球的市场份额，排在Android、iOS之后的第三位。

阿里YunOS已经成为时下一大热门的移动操作系统，并且展示出巨大的潜力。YunOS不仅为时下的智能终端实现产品差异化带来完美的解决方案，通过阿里全面的产品布局带来的“智能生态链”更是强大，而YunOS则成为这个生态链中的重要纽带。随着智能穿戴设备和人工智能的不断向前发展，YunOS将会有更大的作为。

## YunOS的优势

YunOS的优势主要体现在两个方面，如下页图所示。

YunOS融合了阿里巴巴在云数据存储、云计算服务以及智能设备操作系统等多领域的技术成果，并且可搭载于智能手机、智能机顶盒（DVB / IPTV / OTT）、互联网电视等多种智能终端设备

YunOS基于阿里的大数据和云计算，依托开放平台，为广大的智能终端生产者、开发者提供了丰富的服务，这是第三方定制ROM无法企及的高度。YunOS以自家云服务为中心，进行多端布局，打破了设备间的孤岛，构建了强大的“云”生态

YunOS的优势图

## 第七节　阿里和上汽合作

### 共同打造互联网汽车

2014年7月23日下午，阿里巴巴集团与上海汽车集团股份有限公司（以下简称“上汽集团”）在上海签署“互联网汽车”战略合作协议，双方拟在“互联网汽车”和相关应用服务领域全面开展合作，共同打造“互联网汽车”及其生态圈。

上汽集团与阿里巴巴集团称，希望整合资源打通汽车全生命周期用车需求和互联网生活圈，让用户体验到一个基于互联网的、更加便捷的移动智能化生态圈，打造全新的“互联网汽车”。

+

## 双方线上线下资源的整合

双方会以最终用户体验为导向，集成阿里巴巴集团的“yunOS”操作系统、大数据、阿里通信、高德导航、阿里云计算、虾米音乐等资源，以及上汽集团的整车与零部件开发、汽车服务贸易等资源，开放融合互联网和大数据，围绕用户的车生活，整合双方线上线下资源，提供智慧出行服务。

上汽集团认为，作为本世纪最大也是最深刻的变革，互联网正全方位地影响着人们的生活，汽车与移动互联网的紧密融合也正悄然加速，消费者对于汽车的要求将不再是单纯的交通工具。

未来上汽集团会继续在自主品牌上加大投入，把新能源汽车作为未来发展的制高点。作为上汽布局未来汽车的一棋，如果互联网汽车成功，将推动上汽自主品牌的发展。

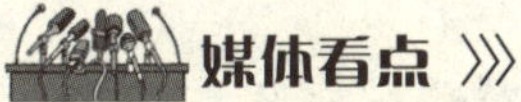

**媒体看点 》》**

### 上汽阿里首款“网车”出自MG

上汽阿里合作的首款互联网汽车是将YunOS系统集成在MG品牌的中型甚至大型车上。

仅仅在李彦宏说要开发智能车的一天后，陈虹与马云共同谋划的“互联网汽车”迈出了实质性一步。2015年3月12日，上汽集团与阿里巴巴集团共同宣布，将合资设立10亿元的“互联网汽车基金”。上汽集团相关负责人表示之前与阿里巴巴合作项目组也将随之升格。

值得注意的是，此次发起的基金未来将是开放式的资本平台，将吸纳更多的互联网汽车参与者加入，共同打造“跑在互联网上的汽车”（Car on the Internet）的计划。

**在MG上集成YunOS**

“未来的汽车一定是互联网化的。”上汽集团总工程师程惊雷表示，互联网必将成为汽车的一个基本属性，帮助用户在拥有汽车和享受出行服务时解决“痛点”，创造“甜点”。

按计划，上汽与阿里巴巴合作内容为由上汽集团的整车与零部件开发、汽车服务贸易等资源，并集成阿里巴巴集团的“YunOS”操作系统以及大数据、阿里通信、高德导航、阿里云计算、虾米音乐等资源，围绕用户的车生活，整合双方线上线下资源，为用户提供智慧出行服务。

按照上汽集团销量计算，2014年销售了562万辆汽车的上汽是中国最大的汽车集团，其中，上海通用和上海大众两大合资公司是上汽销量最主要的贡献者。对于上汽互联网汽车计划将合资品牌排除在外的做法，汽车行业分析师张志勇表示，项目在合资公司落地，将涉及与外资股东方协调而导致合作复杂化。此外，如果将其导入上海通用，阿里开发的系统将面临与通用汽车自己开发的车载系统产品安吉星（OnStar）、CUE以及IntelliLink的竞争。

**打造移动智能化生态圈**

虽然首款互联网汽车在2016年便能面市，但上汽与阿里的庞大计划才刚刚开始。

“类似于今天的电信运营商那样，上汽也希望未来转型为智能交通的服务商”，上汽相关负责人告诉《南方都市报》记者，届时上汽提供的不再是单纯的车辆产品，而是整套交通解决方案。而与阿里合作的互联网汽车计划，便是实现这一愿景的途径。

在双方计划中，未来将进一步打通汽车全生命周期用车需求和互联网生活圈，让用户体验到一个基于互联网的、更加便捷的移动智能化生态圈。对于生态圈的构造，阿里公关部相关负责人表示，仅在用户数据方面，市场占有率已接近1／4的上汽拥有的庞大的车辆用户信息资源将与阿里掌握的海量交易类、社交类互联网用户数据发生巨大融合。

**5G最大的应用之一就是互联网汽车**

上汽与阿里的互联网汽车可谓生逢其时。就在双方发起基金的同一天，工信部部长苗圩透露，工信部正在组织研究5G通信网络，其中最大的一个应用就是互联网汽车。苗圩的这番表述，则被业界视为未来工信部等主管部门在该领域可能会推出扶持措施的信号。

……………………………………………………………………

# 第九章
# PK，阿里巴巴的博弈

**导言：**

作为中国三大互联网公司"BAT"之一，阿里巴巴的发展史上从不缺乏与其他公司PK的案例，一直以来它认真地面对每个对手、迎接每一次挑战。

# 第一节　阿里巴巴PK百度

随着人们越来越重视健康与保健，寻医问药在人们的生活中占了越来越重要的作用，在这一方面，阿里巴巴做了全新的布局，以应对行业竞争的风险。其中，阿里健康与百度医生的PK尤其激烈。

## 阿里健康

阿里健康新LOGO

阿里健康信息技术有限公司，是阿里巴巴集团投资控股的公司之一。2015年11月18日，阿里健康宣布更换LOGO，同时，官方网站以www.alihealth.cn域名改版上线，官网展示阿里健康药品零售、医疗服务、药监码和健康保险等四大业务板块，同时，官网也承担了连锁药店和医疗网络的自助进驻功能。

阿里健康首页截图

### 阿里健康APP

改版之后，阿里健康APP、官网和LOGO焕然一新，新版APP与旧版风格迥异，体现了阿里健康战略上的调整。

改版后的阿里健康，不再做直接对接医疗的事情，而是将重心放在自己擅长的电商上面。

### 线上线下结合

阿里健康APP首页由“每日特惠”“附近药店”和“热门类目”三个板块组成，用户既可以获得最新的优惠信息，也能查询身边药店的库存情况。此外，用户还可以在搜索栏输入药品或症状找到合适的药品。

目前其附近药店配送服务只在北京和杭州市区开展，但这项服务会拓展至全国主要省会城市。阿里健康发布了未来药店合伙人计划，意在打造B2C+O2O的立体购药平台。

### “找医生”

新的阿里健康APP上线了“找医生”板块，覆盖“专属家庭医生”和“预约专家”两个功能，分级满足用户在购药前后的健康咨询和诊疗需求。

不管是线上线下购药联动，还是帮着要医生，阿里的初衷都是为了销售药品。

## 百度医生APP

2015年1月，百度推出百度医生APP，同时百度与北京301医院达成合作，将在线就医打造成接近真实的体验，百度医生是让用户能够快速预约身边的医生，有效降低预约就诊的时间成本，实现医疗资源的合理配置的医患双选平台，打造以找医生、约医生、评价医生为闭环的在线服务链路。

百度医生LOGO

百度医生有五大作用，如下页图所示。

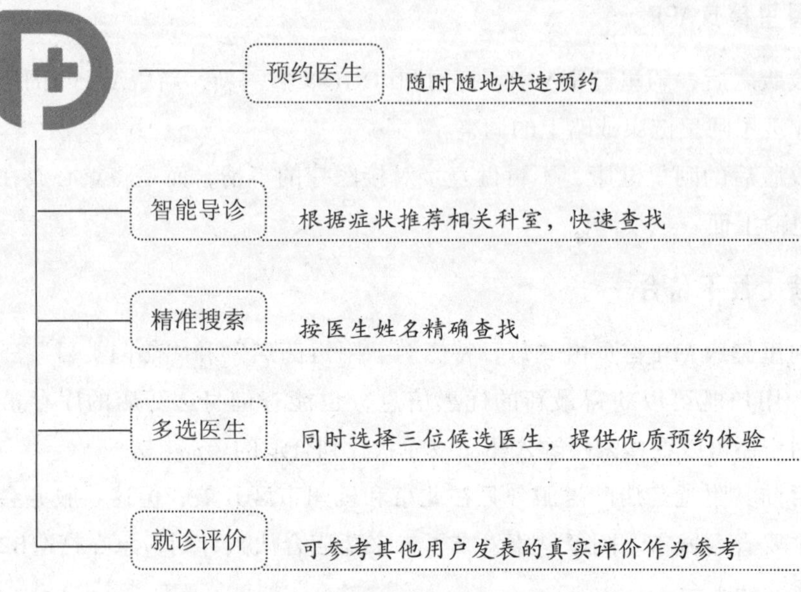

百度医生的作用图

## 第二节　阿里巴巴PK京东

### 优势PK

#### 阿里巴巴的优势

阿里巴巴的优势在于无论规模还是整体实力都远超京东，主要表现在几个方面，如下图所示。

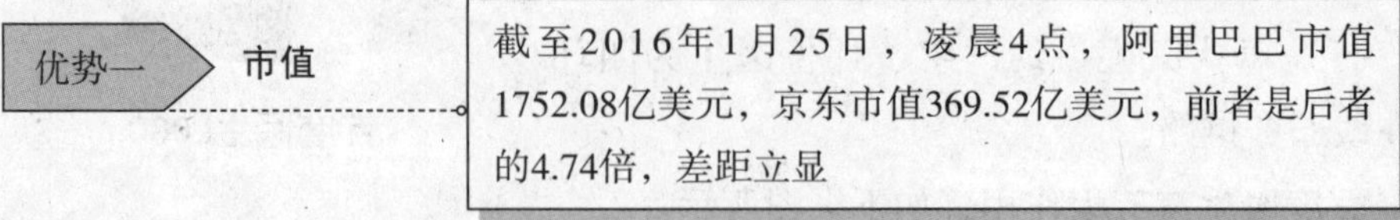

优势二 GMV

2015年11月17日，京东公布第三季度财报，交易总额（GMV，就是自营加第三方平台的总交易额）达到1150亿元人民币，同比增长71%。同样是2015年第三季度，阿里巴巴平台商品交易总额（GMV）达7130亿元人民币，同比增长28%。虽然增速小于京东，然而GMV是京东的6.2倍

优势三 盈利能力

2015年第三季度，阿里巴巴集团收入221.71亿元人民币，同比增加32%；净利润达92.52亿元人民币，同比增长36%。而京东收入为441亿元，同比增长52%，而净利润为2700万元，大幅下滑92.72%

阿里巴巴优势图

从以上数据来看，与京东的PK中，阿里巴巴高调胜出，优势明显。那么，京东的优势在哪？

## 京东的优势

京东是自营为主的电商，其优势主要体现在正品+物流上，如下图所示。

电商的体验可以划分为网站体验、支付体验和物流体验、售后服务体验四个环节。网站体验方面：京东和阿里的差距并不明显；支付层面：支付宝有超过3亿实名用户，其中活跃用户接近2亿，京东的网银在线虽然未公布相关数字，但相比两者的差距不小。物流一直被认为是京东的核心竞争力，而阿里巴巴物流为短板

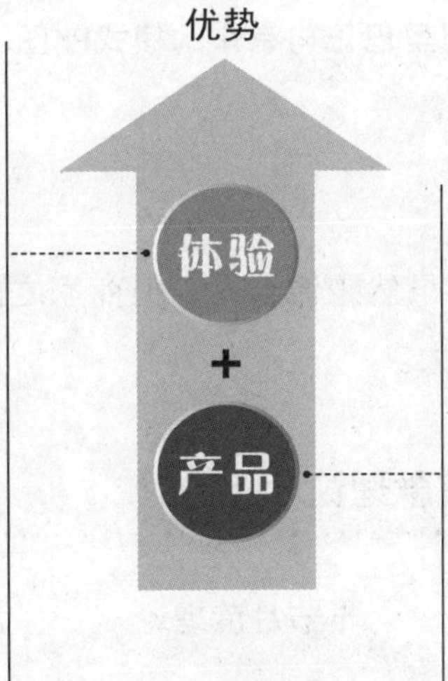


在产品方面：淘宝的品类丰富，素有“万能的淘宝”之称；而京东以自营为主，品类扩张的成本很高。所以在产品品类方面；京东不占优势。但在产品品质方面，京东对商品的把控力度更强。长期以来，京东在“正品行货”形象的塑造上显然更有优势

京东优势图

综上所述，在用户体验层面，正品形象、物流体验上京东优势较为明显。

## 模式PK

阿里巴巴与京东的模式差别，主要表现在两个方面，如下图所示。

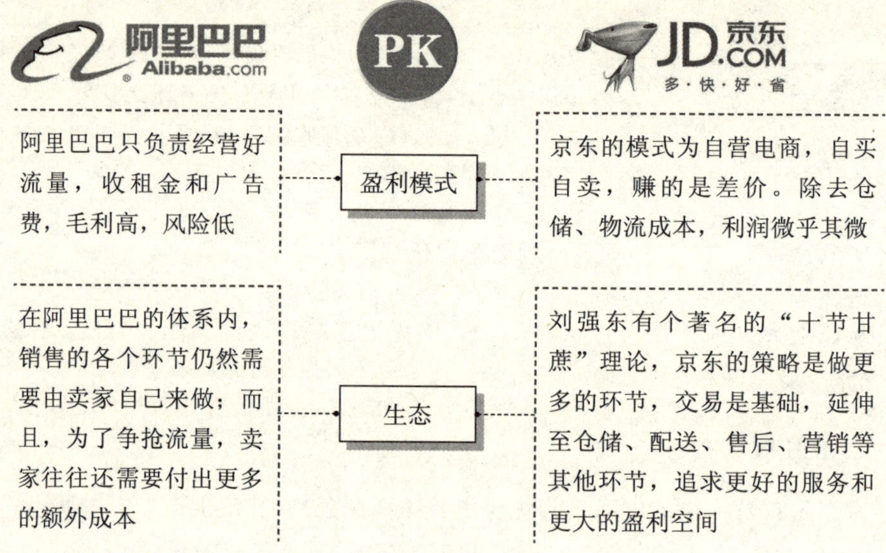


阿里巴巴与京东的模式PK图

## 经营模式PK

综上所述，阿里的模式虽然赚钱容易，但商家之间竞争激烈。当然，京东的重模式蕴藏的风险十分巨大。

### 【拓展阅读】 十节甘蔗理论

十节甘蔗理论

刘强东认为，“创造价值才能得到回报”是所有商业模式的基础。为此，他提出了针对消费品行业的“十节甘蔗”理论，即零售和消费品行业的价值链分为创意、设计、研发、制造、定价、营销、交易、仓储、配送、售后等十个环节，其中前五大环节归品牌商，后五大环节则归零售商。

“一节甘蔗的长短短期是可以发生变化的，但长期来说是固定的。当进来的品牌过多时竞争变得激烈、利润减少，那么这节甘蔗就变短了。在这种情况下行业又要发生并购整合，例如整个电子商务行业之前有40多家（公司），现在剩下的只有10多家了。所以从长期来看，市场规律导致了行业和品牌的利润相对固定在一个合理的水平上。”

那么，如何在固定的利润水平上发掘更大的价值？京东的做法是“吃掉更多的甘蔗节数”，即不只是做交易平台，还要将业务延伸至仓储、配送、售后、营销等其他环节。

## 格局PK

眼界决定高度，思路决定出路。在格局上，阿里巴巴与京东的对比如下图所示。

阿里巴巴曾适时地把业务重点从B2B转到C2C（淘宝），又转到B2C（天猫）。而在电商业务之外，马云希望依托支付宝打造一个金融帝国，同时，还在涉猎医疗、教育、文化等产业

刘强东则在零售行业扎根，除了金融，京东很少参与主业之外的其他业务。不过，近年来京东也在做出改变。刘强东曾期望，京东金融未来十年内要撑起京东70%的利润。理财+供应链贷款+消费贷款+平台业务+众筹

阿里巴巴与京东的格局PK图

从以上三个方面来看，目前阿里巴巴的总体实力是强过京东的。未来将如何，还需拭目以待。

## 第三节 阿里巴巴PK腾讯

一直以来，腾讯倚靠移动社交、阿里巴巴凭借电商老大地位在互联网厮杀，阿里巴巴与腾讯的PK主要表现在社交、电商和支付三个方面。

### 社交PK

阿里巴巴与腾讯在社交方面的PK主要体现在来往与微信上。

#### 来往

来往是阿里巴巴于2013年9月23日发布移动好友互动平台。作为一款即时通信软件，来往也是阿里第一款独立于电商业务之外的社交产品，其核心功能是实现熟人之间的社交。除了语音、文字等基本的通信功能之外，“来往”支持“阅后即焚”。

2013年11月22日来往注册用户数破1000万，至此停滞不前。

来往LOGO

### 微信

微信是腾讯公司于2011年1月21日推出的一款平台类KIK软件，用户可以通过微信与好友聊天、分享图片、语音聊天、分组、视频等。2015年11月10日腾讯发布了截至2015年9月30日的第三季度业绩，其中数据显示，微信用户量破6.5亿，同比增长39%。

微信LOGO

从数据可以看出，阿里巴巴在社交方面的实力不足。

## 支付PK

### 支付宝

支付宝自2004年建立起一直处于网络支付头把交椅，2015年10月29日DCCI《2015年中国移动支付报告》显示支付宝的占有率已超过80%。

支付宝以2.69亿元拿下猴年春晚独家合作权，推出“集五福分2亿”及“加10位支付宝好友可获得3张福卡”，共有791405人集齐福卡，人均271.66元。支付宝红包设计的“咻红包、传福气”的玩法让用户除了能领钱还能领到福气，集齐五福则开启下一关领钱游戏。从活动可以看出，阿里巴巴不惜砸钱获取活跃用户，只为抢占

2016年春晚抢红包页面截图

移动支付入口。

## 【拓展阅读】 2015年支付宝年账单

### 2015年支付宝年账单

2016年1月12日，蚂蚁金服对外发布2015年支付宝年账单。账单显示，2015年互联网经济继续保持高速增长。按省级行政区划分来看，上海人均支付金额排名全国首位，达到104155元，这标志着网上人均支付开始迈入“10万元时代”。从移动支付笔数占比来看，排前五位的地区分别是西藏、贵州、甘肃、陕西和青海，其移动支付占比高达83.3%、79.7%、79.4%、78.8%和78.7%。统计还显示，2015年移动支付笔数占整体比例高达65%，而2014年这个数字是49.3%。

2015年，全国用户在支付宝移动支付占比达到65%。

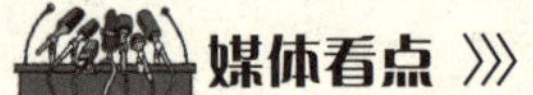

## 媒体看点 》

### 支付宝春晚发红包2.2亿元人民币被79万用户瓜分

蚂蚁金融服务集团公布，旗下支付宝于除夕晚上与央视春晚联手，为全球华人打造了一场“咻红包、传福气”的“互联网+”春晚，共发出四轮现金红包。

在当晚历时四个半小时的春晚过程中，支付宝用户通过支付宝“咻一咻”互动平台与春晚互动的总次数高达3245亿次，是2015年春晚红包互动次数的29.5倍。

截至2月8日零时，总共79.14万名支付宝用户共同分享了总值2.15亿元人民币的现金红包，分得红包最多的是广东省，总共分得7337万元人民币。香港共有15万支付宝用户咻到春晚现金红包。

### 微信支付

财付通是腾讯公司于2005年9月推出的在线支付平台，与拍拍网、腾讯QQ有很好的融合。

2015年除夕，微信红包一天收发总量达到10.1亿次，而微信摇一摇互动最高达到8.1亿次每分钟，整场晚会微信用户“摇红包”的动作超过110亿次。春晚抢红包带动微信支付800万的绑卡量。马云曾表示：微信红包从“计划和执行都很完美”，不啻于一场“珍珠港偷袭”，幸好春节很快就会过去。

2015年春节红包用户热点图

## 第四节 阿里PK亚马逊

如果说市值的变化反映了投资者对公司前景看好的程度，那为何阿里巴巴会在短短半年时间内迅速从高峰跌落，而竞争者亚马逊为何能在持续亏损的状态下继续受追捧？作为全球两大电商巨头，两者之间有何差异，未来在全球电商的竞争中，谁将胜出？

亚马逊LOGO

## 战略布局

在战略布局方面，阿里巴巴广泛投资，亚马逊则更集中，主要表现在以下几个方面，如下图所示。

亚马逊开始布局实体零售店，未来它会成为线上版的沃尔玛，它的直接竞争对手将是沃尔玛等传统零售商

阿里则是更纯粹的电商平台公司，主要任务是引流。因此它会不顾一切地参与到中国互联网生态争夺战中来，花重金拿下各个流量入口，如打车、社交媒体、视频娱乐等

战略布局PK图

## 业务模式

在业务模式方面，阿里巴巴轻、亚马逊重，如下页图所示。

亚马逊注重零售，围绕在零售周边进行扩张，如其手机等硬件业务的重要作用就是为Prime服务，以更便捷的流程方便客户从各个入口进行下单

阿里巴巴涉及了B2B、B2C、C2C、C2B业务，都是以平台模式进行运作，并无直接的零售业务，它的营收来源是靠收“佣金”和“广告费”，相较于亚马逊，阿里巴巴是一个轻资产公司

amazon

业务模式PK图

这两者的模式各有优劣，亚马逊的重资产模式导致它至今不盈利，而阿里的轻资产模式使得它的盈利状况非常靓丽。但亚马逊的重资产也构筑了其他竞争者难以企及的门槛，与阿里更加类似的eBay已经在与亚马逊的竞争中逐渐败退下来，未来亚马逊作为线上零售业霸主的地位难以撼动。阿里巴巴则试图通过把住各个互联网入口，建立自己的护城河，但目前来看，“跑冒滴漏”现象严重，微信这个超级核弹不知何时就可能给阿里帝国致命一击。

## 全球战略

全球战略方面，阿里巴巴刚刚起步，而亚马逊已攻城略地、完善布局，如下图所示。

amazon

在全球电商版图中，亚马逊几乎占据了主要国家的头把交椅，在美国、加拿大、欧洲五国（英国、法国、德国、意大利、西班牙）这几个发达经济体，亚马逊都是首选的电商平台

在日本，亚马逊则正与日本本土电商巨头乐天对垒

在中国，亚马逊所占的份额微不足道。但从2014年推出了“全球购”项目，依托其欧美站点的强大货源和物流实力，在跨境电商进口领域获得了极高的关注度

阿里巴巴的全球电商业务速卖通避开了亚马逊的锋芒，主要发力于俄罗斯、南美等新兴市场国家，发展速度也很快，但在欧美发达市场的认可度仍然不高

在速卖通平台上的卖家主要以中国本土卖家为主，本质上仍然是一个以中国货源为根本的出口跨境电商，在目标国当地的本土化程度非常低，其发货地、物流仓储等，都是以中国为基地，远未达到亚马逊全球布局的广度和深度

全球战略PK图

## 媒体看点

### 阿里云紧追亚马逊？2014年云计算稳定性对比

**稳定性是云计算的关键**

德国提出的“工业4.0”国家战略，在过去的一年多里持续成为全球各国关注的焦点；而李克强总理2015年的一场政府工作报告，也让“互联网+”瞬间成为网络热词。作为“互联网+”“工业4.0”的关键支撑，云计算也由此在中国获得了前所未有的关注。

事实上在过去几年里，云计算一直都是资本市场最青睐的题材。包括谷歌、微软、亚马逊、IBM等全球IT巨头，也都在以云计算题材来拉动股价和吸引资本市场的关注。

既然云计算如此重要，那么我们在面对不同厂家提供的云计算服务时，应该重点考量什么指标?

对于这个问题，大多数用户都会将“稳定性”放在第一位，原因不言自明——站在用户的立场上来看，没有一位用户愿意自己的业务被中断哪怕是一分钟。在越来越多的企业将业务迁往云平台的今天，一旦出现宕机或数据丢失，其后果可想而知。

**2014年云计算稳定性报告**

既然大家这么关心云计算的稳定性，那么关于云计算服务的稳定性报告自然也就有了市场。

不久前，美国网站追踪公司CloudHarmony发布了一份报告，表示云计算服务在近几年发展迅速，稳定性方面也开始直追运营商。在过去的一年里，CloudHarmony一直监测着48家云服务商的宕机故障频率。该公司首先在这些服务商中的每一家都运行一个网络服务器，然后追踪服务何时无法使用，最后记录下宕机故障的发生次数和时长。这种办法虽然算不上完美，但是却可以很好地观察到这些服务商的服务运行情况。

根据CloudHarmony的统计报告，亚马逊的弹性云计算（EC2）在2014年共发生了20次宕机故障，累计宕机时长为2.41小时，这意味着亚马逊云服务的可靠性已得到大幅提升，正常运行时间百分率达到了99.9974%。研究机构Gartner在2014年预测称，亚马逊分布式系统的规模将是其竞争对手的5倍。以亚马逊AWS的规模而言，能够得出这样的可靠性数据可以说非常了不起。

相比之下，谷歌的云平台累计宕机时长仅14分钟，可用性达到99.9996%，成绩也相当不错；微软2014年的宕机事故导致其Azure云服务在可靠性方面表现欠佳。据统计，微软Azure在计算方面一共出现92次宕机故障，总计宕机时长39.77小时；其存储平台一共出现141次宕机故障，总计宕机时长10.97小时。至于其他几家主要的云计算公司，像CenturyLink、Digital Ocean、Rackspace、Joyent等云厂商的宕机时长则分别为26小时、16小时、7.52小时、2.6小时。

报告同时还揭示，各大云服务商在2014年中各自遇到了一些问题。譬如在虚拟化平台Xen的漏洞于2014年秋季被发现后，大约有10%的亚马逊AWSEC2实例必须被重启；Rackspace也在2014年秋季经历了一次大规模重启；微软的存储服务在2014年11月出现服务中断；Verizon更是在2015年初就开局不利——该公司告诉客户，由于计划性维护，2015年1月其云服务宕机时间最长可能将达到48小时。

**中国云计算厂商的崛起**

除了CloudHarmony关注的这些云计算巨头们，国内近年来也有大量云计算厂商快速崛起。不过非常可惜的是，由于CloudHarmony公司并没有将中国的云计算厂商列入统计范畴，所以我们很难根据该公司的报告来对比国内外厂商的云计算服务。

不过非常幸运的是，最近的一份关于阿里云的数据报告中的统计数据显示，2014年阿里云ECS的可用率平均每月达到了99.996%以上，与亚马逊AWD的表现相差无几，这样的成绩甚至已经超越了大多数国外的云计算厂商。因此在云计算的稳定性方面，国内厂商其实已经可以与国外同行媲美。

事实上，阿里云近年来在技术领域的进步非常引人注目。之前在那场Xen漏洞风暴中，阿里云的表现就超出了不少人的预期。许多读者应该都还记忆犹新，不久前开放源代码虚拟机监视器Xen接连爆出数个新型高危漏洞，包括Linode、AWS、Rackspace在内的多家云计算厂商，均不同程度地告知客户需要停机维护或重启服务器来解决，导致不少客户业务大受影响。而令人刮目相看的是，阿里云却找到了热修复的方式完成漏洞修补，从而避免了上百万台服务器中断服务，保证用户业务对修复过程无感知。

值得一提的是，这其实并不是阿里云第一次有着如此卓越的表现。2014年9月，同样也是因为Xen漏洞，导致很多云服务商被迫停机维护，而阿里云的用户则没有受到影响。

**阿里云的技术实力**

为什么在Xen漏洞风暴中，那么多大牌云计算服务商纷纷中招，阿里云却能独善其身？阿里云究竟掌握了怎样的秘密武器？

在卓越表现的背后，往往都有着强大的技术作为支撑。事实上，阿里云近年来在技术、工程等领域已经有了突飞猛进。

以Xen漏洞风暴为例，根据严格的NDA协议和披露流程，Xen安全团队会在公布漏洞前提前10～14天发给全球的关键公司做预披露相关的动作，以留出时间给这些公司做线上系统安全漏洞的修复。阿里巴巴是国内唯一一家进入Xen安全漏洞预披露列表的公司，因此阿里云可以提前得知漏洞的相关信息，然后做相应的安全防范动作，比如重启机器或者热修复漏洞。不过与国外云计算巨头不同的是，阿里云在技术层面突破了从控制域Dom0无法访问Xen Hypervisor内存的限制，在确保上层用户业务不受影响的前提下，动态替换Xen Hypervisor中有问题的指令。这也是阿里云能够屡次在Xen漏洞风暴中独善其身的秘诀。

阿里云在稳定性方面的出色表现，不但赢得了众多创业者的青睐，而且也得到了政府部门的关注。不久前，阿里云就得到了中央政府采购网的订单。2015年3月4日，阿里云又正式宣布美国硅谷数据中心投入试运营，向北美乃至全球用户提供云服务，这也是阿里云继杭州、青岛、北京、香港、深圳之后的全球第六个数据中心。

硅谷数据中心的开放，将帮助中国互联网公司更轻松地拓展海外业务。通过阿里云，国内用户再也不用像以前那样需要在海外租用和部署服务器，以及面临语言、当地法律政策、换汇等多种不便，而是只要在中国本地轻点鼠标，就能实现位于美国的网站、移动应用部署。而美国公司也将首次使用来自中国的云服务。阿里云硅谷数据中心的运营，意味着阿里云即将开始在云计算的发源地美国与亚马逊AWS、微软Azure、谷歌等强大的对手展开直接竞争。

由是观之，阿里云已经有了“中国亚马逊”的雏形。

**阿里云的野心**

虽然已经进入了美国市场，但是阿里云的野心显然不止于此。

尽管在阿里帝国的庞大业务中，阿里云只能算是个初出茅庐的婴儿，但是阿里云所表现出来的爆发力和加速度，却不得不让人为之惊叹。

就在阿里云宣布开放美国数据中心运营的前后，IDC发布了《2014上半年度中国公有云服务追踪研究》（*China Public Cloud Services Tracker*，2014H1），阿里云以22.8%的市场份额首次登顶IaaS服务市场。

在刚刚闭幕的2015德国汉诺威CeBIT上，马云现场展示的“刷脸支付”也让阿里云大放异彩，因为“刷脸支付”背后的人脸识别就采用的是阿里云的服务。据德国当地媒体报道，阿里云将在欧洲建数据中心，德国是重点考虑对象之一，阿里云与德国电信（Deutsche Telekom）的相关合作也正在洽谈当中。另外据了解，除了欧洲之外，阿里云还计划在北美、日本、中东等全球各地选址建立数据中心。

伴随着阿里云一路的高歌猛进，也许在明年CloudHarmony公司的统计报表上，我们就能看到阿里云的排名。

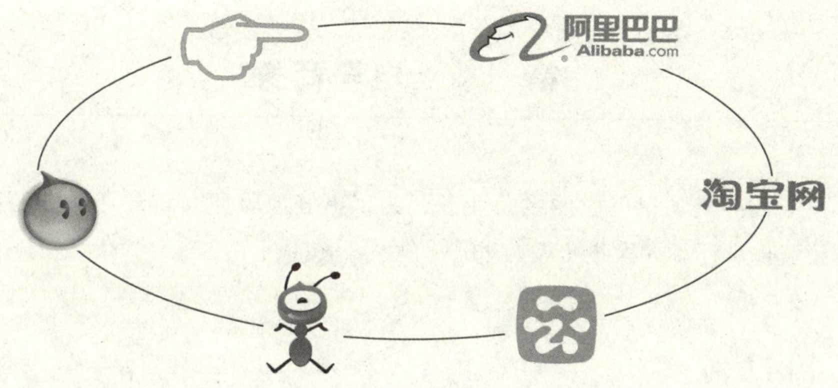


# 第十章
# 收购狂欢，阿里巴巴的大视野

**导言：**

阿里巴巴从一个电子商务公司步步为营，全面布局，变身为互联网巨鳄。近年来，阿里巴巴大肆收购，其中四项收购金额总计超过40亿美元。而且，阿里巴巴还同时表现出先投资、后并购的风格。

# 第一节　电子商务

电子商务是阿里巴巴的主营业务，为了更好地服务客户，阿里巴巴在电商服务领域也进行了多次投资及收购。

## 中国万网

中国万网成立于1996年，是中国领先的互联网应用服务提供商。阿里巴巴集团于2009年9月28日以5.40亿元人民币收购中国万网，2013年1月6日阿里巴巴集团宣布，旗下的阿里云与万网将合并为新的阿里云公司，合并后“万网”品牌将继续保留，成为阿里云旗下域名服务品牌。

中国万网LOGO

## Vendio

Vendio Services是美国电子商务SaaS提供商，总部位于美国加州的圣马特奥，拥有11年的网店零售服务经验，美国有超过8万个B2C独立零售商通过Vendio提供的服务，开设包括横跨eBay、Amazon等多个B2C平台的网店，每年市场交易金额超过20亿美元，并荣获了eBay颁发的2010年度“最佳商业合作伙伴开发奖”。

2010年7月，阿里巴巴收购Vendio Services，这是阿里巴巴第一次在美国市场上进行收购。

Vendio LOGO

### 一达通

深圳市一达通企业服务公司于2008年11月与中国银行联合开发出业内第一个贸易融资系列产品——“融资易”，国内首创司内设置中国银行外汇结算网点为中小企业外贸的出口退税、进口开证和出口信用证打包贷款提供无担保、无抵押、零门槛的融资信贷服务。

2013年11月，阿里巴巴集团以一达通2011年利润的20倍的价格将其全资收购，形成了从‘找外贸’到‘做外贸’一站式服务链条。

一达通LOGO

## 第二节　搜索

### 雅虎

2005年8月11日，阿里巴巴与雅虎宣布双方已签署合作协议，阿里巴巴收购雅虎中国全部资产，同时获雅虎10亿美元投资，并享有雅虎品牌及技术在中国的独家使用权；雅虎获阿里巴巴40%的经济利益和35%的投票权。

2005年10月，阿里巴巴集团接管中国雅虎，2008年6月4日，阿里巴巴集团把旗下的中国雅虎与口碑网整合成立雅虎口碑公司。

2013年8月31日，中国雅虎在网站首页发布公告称其将调整自己的运营策略，于2013年9月1日零时起，不再提供资讯及社区服务。

## UC

2014年6月11日，阿里巴巴集团与UC优视联合宣布：UC优视全资融入阿里巴巴集团，并组建阿里UC移动事业群。UC优视董事长兼CEO俞永福将担任UC移动事业群总裁，进入阿里集团最高决策团队——阿里集团战略决策委员会。

这是继2009年、2013年阿里集团两次对UC优视投资后，双方实现的全面融合。这也意味着，国内互联网格局中最后一个重要变量已经尘埃落定。阿里巴巴集团基于电商、云计算、大数据方面的能力与UC优视在无线互联网方面的积累的结合将给整个行业带来无尽的想象力。

UC LOGO

# 第三节　O2O布局

## 口碑网

口碑网是淘宝网旗下网站，致力于打造生活服务领域的电子商务第一品牌。网站为消费者提供评论分享、消费指南，是商家发布促销信息，进行口碑营销，实施电子商务的平台。

2006年10月26日，阿里巴巴以500万～600万美元收购口碑网，2009年，口碑网并入淘宝网。2015年7月28日，淘点点更名口碑外卖。

**媒体看点 》》**

### 阿里口碑“复活”O2O巨头时代到来

口碑外卖打通阿里系三大APP——淘点点、支付宝、手机淘宝，意味着阿里巴巴全面发力O2O。

2015年7月28日，阿里巴巴旗下淘点点APP变身为口碑外卖，同时支付宝和手机淘宝两大阿里系APP在首页也推出了口碑外卖的入口。口碑网是阿里巴巴旗下的O2O本地生活服务品牌。阿里巴巴最近围绕口碑动作连连，开始全力发展O2O业务。7月27日，阿里巴巴宣布董事会副主席蔡崇信出任口碑网董事局主席，进一步表明阿里巴巴将在O2O本地生活服务业务全面发力。在此之前，7月初，百度CEO李彦宏宣布，向百度旗下团购品牌百度糯米投资200亿元，“我们的目标是业内第一”。随着新口碑的亮相和口碑外卖打通阿里系三大APP，餐饮O2O领域已经凑齐了BAT三大巨头，行业也进入了巨头争夺的时代。

**蔡崇信掌舵阿里巴巴打造新口碑**

淘点点原来是阿里巴巴集团旗下移动餐饮服务平台，提供点餐和外卖等功能，用户通过淘点点可以搜索到附近的餐饮、水果、饮料、甜品等外卖信息，淘点点在2013年12月试水外卖业务，在2014年1月达到了10万份的单日订单峰值。但最近两年，淘点点的市场份额有所下滑，2015年第一季度，淘点点在整个在线外卖市场的占比仅4.73%。

对于淘点点的发展战略，不乏质疑声音。O2O不是传统餐饮企业擅长的领域，而淘点点的模式相当于餐厅自己开一间淘宝店，运营、维护和管理都需要餐厅自己进行，因此餐饮店倾向借助第三方平台帮助经营线上业务。据悉，淘点点的线下推广主要由代理商负责，第三方合作伙伴主要是以商家入驻后按单计费分成，管理相对分散。

淘点点加入口碑平台后，线下的弱势有望得到弥补。淘点点以及蚂蚁金服的线下业务资源及团队，都将注入新的口碑平台，成为核心力量。蚂蚁金服方面表示，新的口碑将延续阿里巴巴与蚂蚁金服的一贯思路，以“平台化”“生态化”的方式进行运营。有了蚂蚁金服做线下辅助，淘点点不再孤军奋战。

就在阿里巴巴宣布打通口碑和淘点点、支付宝、手机淘宝之前，2015年7月27日，阿里巴巴宣布董事会副主席蔡崇信出任口碑网董事局主席。这也是蔡崇信出任加入阿里巴巴以后第一次负责具体业务。任用蔡崇信这样的高管来负责口碑网，凸显了阿里巴巴对O2O本地服务的重视。此外，蚂蚁金服的范驰将担任口碑网CEO，负责日常运营工作。

**瞄准餐饮O2O剑指美团与点评**

口碑成立于2004年，当时就聚焦本地生活，包括餐饮和生活信息。两年后，阿里巴巴注资口碑网，初入阿里系的口碑享受到了阿里巴巴带来的红利。期间通过与中国雅虎、阿里旺旺，以及淘宝网的合作，口碑网得到爆炸式的增长，辉煌时期，日均迎来200万独立访客，1000多万点击量。

2008年，阿里巴巴全资收购口碑网，把中国雅虎与口碑网整合成雅虎口碑。然而一年之后，雅虎口碑业绩反而下滑。口碑网又“改嫁”至淘宝网。2011年后口碑网停止推广，淡出了公众视线。

2015年6月，阿里巴巴突然宣布“复活”口碑网。阿里巴巴集团及蚂蚁金服将合资成立一家本地生活服务平台公司，合资公司名为“口碑”，双方各自注资30亿元，占股50%。“口碑”计划从餐饮服务入手，蚂蚁金服在超市、医疗、售货机等领域的线下业务也将逐步整合至口碑平台。此次重拾“口碑”，目标直指现今在餐饮O2O领域火热的美团和大众点评。

**巨头时代O2O迎来爆发期**

随着新口碑的亮相和口碑外卖打通阿里系三大APP，餐饮O2O领域已经凑齐了BAT三大巨头，行业也进入了巨头争夺的时代。

此前，刘强东曾表示，2015年的精力将主要放在京东的O2O项目“京东到家”上；大众点评在联姻腾讯后，除了获得资本输血外，还获得了腾讯旗下的微信、QQ等入口。此外，7月初，百度CEO李彦宏宣布，将在3年内向百度糯米投资200亿元，搭建O2O生态。百度副总裁、百度糯米总经理曾良说：“我们的目标是业内第一。”李彦宏则表示，“接下来，我们要做下一个转型，从连接人和信息到连接人和服务，这也是一个比较大的转型，因为连接人和服务更有价值。”百度糯米的O2O业务正是这个转型计划的关键所在。

不仅百度的转型需要本地生活服务，阿里巴巴要捍卫支付宝的位置，同样需要O2O来拓展使用场景。

资本看中的是本地生活服务O2O市场的巨大潜力。易观智库数据显示，2015年上半年，中国生活服务O2O平台成交额达895.8亿元，全年成交额有望接近2500亿元。“随着互联网，尤其是移动互联网的发展，2015年起，中国生活服务O2O市场赢来新一轮的爆发。”

但口碑网要想在这个市场立足，还有很长的路要走。数据显示，2015年上半年，美团以51.9%的团购交易份额继续保持领先优势，大众点评以29.5%的交易份额居于第二，百度糯米的市场份额为13.6%，而其他公司的市场份额只占到了5%。

## 美团

2011年7月7日，阿里巴巴领投美团第二轮5000万元融资，获得10%股份，2015年11月，阿里巴巴确认退出美团。

## 快的打车

2013年4月10日，阿里巴巴投资应用软件快的打车。2013年8月，快的打车接入支付宝，成为全国唯一一家可以通过支付宝在线支付全部打车费用的打车APP。

快的打车LOGO

## 高德导航

2008年，高德集团宣布正式发布国内首款手机离线导航软件——高德导航。高德导航在搜索方面做了全新优化并首推了“全国搜”功能，同时支持网络搜索。在路线规划时最多可设置多达5个途经点，并有“最佳路线”“高速优先”“经济路线”“最短路线”等多种路线供选，是国内领先的手机导航软件。

高德导航LOGO

2013年5月10日，高德公司获得阿里巴巴2.94亿美元的战略投资，加速向移动互联网方向转型。

2014年1月23日，在高德地图宣布LBS开放平台与阿里云服务一体化后，高德产品进一步融入了阿里系产品。

2014年7月，阿里巴巴完成对高德的投资。

## 第四节　社交文化领域

### 虾米音乐

虾米网又称“虾歌网”“虾歌音乐网”“虾米”，2008年上线内测，2009年年底开始公测，是以点对点传输技术以及社区互动文化为核心的音乐分享平台。

2013年1月10日，阿里巴巴集团在杭州宣布，现有业务架构和组织将进行相应调整，成立25个事业部，其中包括音乐事业部。虾米音乐网被阿里巴巴集团收购后，几位创始人重返老东家阿里巴巴集团。

虾米音乐LOGO

### 优酷土豆

2015年10月16日，阿里巴巴以56亿美元现金（约合356亿元人民币，56亿美元包括阿里巴巴此前入股时投入的12亿美元）收购国内视频领域领头羊合一集团（原名优酷土豆），创中国互联网史上“第一并购”，收购完成后优酷土豆将从纽交所退市私有化。收购后合一集团依然会独立运营，公司管理团队架构不变，既有项目不变，对外合作不变，古永锵还是集团董事长兼CEO。

至此，中国视频三巨头——优酷土豆、爱奇艺和腾讯视频均成BAT囊中物。

优酷LOGO

土豆LOGO

## 第五节 金融

在阿里巴巴的整体布局中，金融是不可缺少的一部分，其金融部署主要体现在两个方面，即收购天弘基金和恒生电子。

### 天弘基金

天弘基金管理有限公司是经中国证监会批准成立的全国性公募基金管理公司之一。天弘基金成立于2004年11月8日，2014年3月，阿里巴巴斥资11.8亿元收购天弘基金51%的股份，2014年年底，天弘基金公募资产管理规模5898亿元，排名行业第一。2013年，天弘基金通过推出首只互联网基金——天弘增利宝货币基金（余额宝），改变了整个基金行业的新业态。

天弘基金LOGO

## 【拓展阅读】 天弘基金旗下基金

### 天弘基金旗下基金

天弘基金旗下主要有9只基金，如下表所示。

天弘基金旗下基金表

| 基金代码 | 基金简称 | 最新净值 | 累计净值 | 2014年以来（%） | 六个月（%） | 成立以来（%） |
|---|---|---|---|---|---|---|
| 150027 | 添利B | 0.904 | 0.904 | −9.87 | −10.32 | −9.6 |
| 164205 | 天弘深成 | 0.821 | 0.821 | −16.05 | −18.39 | −17.9 |
| 164206 | 天弘添利 | 0.971 | 0.991 | −3.19 | −3.48 | −2.9 |
| 164207 | 添利A | 1.005 | 1.034 | 3.08 | 2.16 | 3.39 |
| 420001 | 天弘精选 | 0.5516 | 1.6421 | −17.22 | −11.84 | 73.48 |
| 420002 | 天弘债A | 0.9698 | 1.0947 | −3.34 | −2.85 | 9.58 |
| 420003 | 天弘成长 | 0.8671 | 1.2021 | −21.02 | −20.28 | 14.8 |
| 420005 | 天弘策略 | 1.006 | 1.048 | −11.91 | −13.35 | 4.34 |
| 420102 | 天弘债B | 0.9732 | 1.1098 | −3.03 | −2.66 | 11.22 |

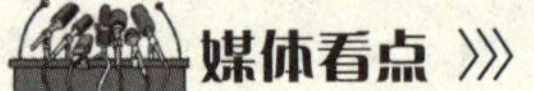

## 天弘基金大数据图说勾勒2.6亿用户画像80、90后

最具互联网精神的天弘基金近期推出了2015大数据系列图说，其中3篇揭示了“网购神器”——余额宝最新的“小秘密”。天弘基金以风趣、简练的语言和图片形式，勾勒出2.6亿用户的理财特征、交易规律和蜕变历程，展示了80、90后年轻群体的理财需求崛起，这也将为资产管理行业分析研究客户特征，提供良好的数据。

**余额宝用户活跃度大幅提升**

谁都无法拒绝“网购神器”余额宝的魅力，至2015年年底余额宝规模增加到6207亿元，同时，用户数更是大幅增长到2.6亿，蝉联了国内规模最大、用户数最多的单只基金。而余额宝也在2015年为投资人赚取了收益231亿元，平均下来，相当于余额宝请每一位宝粉吃一次麻辣小龙虾，难怪大家都爱这个“国民零钱包”。

天弘基金大数据图说揭示出余额宝用户所呈现出的新趋势。2015年余额宝客单价为2372元，回归了本质属性。同时，余额宝用户申购赎回活跃度大大提升，全年总申购笔数28亿次，赎回笔数46亿次。用户点点滴滴的日常使用，汇聚成惊人的交易数据。正是因为轻轻一点、购物缴费理财都不误的极佳的理财体验，越来越多的宝粉愿意把资金放在余额宝，使得余额宝在2015年活跃度提升。

2.6亿余额宝用户人群所呈现出的理财特征，具有很强的代表性。2014年宝粉的平均年龄是29岁，2015年升至30岁，刚好迈上了而立之年的门槛，余额宝陪伴着用户共同成长。具体来看，25岁也就是90后的第一批，用户数最多，达到974万，已经成为社会的生力军，25～27岁的宝粉依次为宝粉人数最多的年龄，没想到小鲜肉如此会理财。余额宝持有金额排名第一的年龄层是1987年的宝粉，总计持有372亿元，而28岁年龄层的宝粉人数也排到第5，可见，28岁的人群最有财力。

**80、90后宝粉占比76%，理财正青春**

1989年、1990年出生的社会新鲜人如今已经开始成家立业，并担当余额宝用户的主力军。2015年80、90后余额宝用户数大幅增长，80后用户数增长了34%，90后用户数增长了50%。截至2015年年底，80、90后余额宝用户共计1.98亿，占总数的76%，其中80后占39%、90后占37%。

随着宝粉年龄的不断增长，对理财的需求也不断提升。90后对余额宝的保有金额从2014年的539亿元，增长到2015年的955亿元。值得注意的是，90后大学生充分展现了“理财正青春”。1993—1996年出生的大学生宝粉，占总宝粉数的18%，若加上研究生同学，比例会更高，余额宝帮助广大同学从学生时代就养成了理财习惯。

此外，天弘基金大数据系列图说中还透露了很多好玩八卦的数据。例如，你知道哪里土豪最多吗？买入余额宝金额排名第一的城市是上海，2015年申购总金额为1559亿元！随后是温州、杭州、北京、武汉。哪个星座最会理财？天秤座以1591万人荣登宝粉人数榜首，平衡果然是理财的内涵。宝粉人数第二和第三的星座，则是心思细密的天蝎座和追求极致的处女座。男人和女人谁更爱理财？并非像我们想象中那样，女性更爱理财持家，2015年余额宝用户中女性占46.8%，男性超过女性占53.2%，与我国男女人口比例大体保持一致。

## 恒生电子

恒生电子股份有限公司成立于1995年2月，注册资本为4.45536亿元人民币，是中国十大自主品牌软件供应商，业务主要包括计算机软件的技术开发、咨询、服务、成果转让；计算机系统集成；自动化控制工程设计、承包、安装；计算机及配件的销售；电子设备、通信设备、计算机硬件及外部设备的生产、销售；自有房屋租赁，等等。

2014年4月1日，马云控股的浙江融信以现金方式收购恒生电子的控股股东杭州恒生电子集团有限公司10%的股份，合计交易总金额约为32.99亿元人民币。

# 第十一章
# 核心价值观，阿里巴巴的企业文化

**导言：**

阿里巴巴的企业文化不只是体现在其广为流传的“六脉神剑”上，更体现在其企业精神及社会责任等方方面面。

# 第一节　企业精神

## 企业文化

阿里巴巴集团的文化关乎维护小企业的利益，阿里巴巴经营的商业生态系统，让包括消费者、商家、第三方服务供应商和其他人士在内的所有参与者，都享有成长或获益的机会。

## 企业精神

阿里巴巴的业务成功和快速增长有赖于我们尊崇企业家精神和创新精神，并且始终如一地关注和满足客户的需求。

阿里巴巴人相信，无论公司成长到哪个阶段，强大的共同价值观都可以维持一贯的企业文化以及公司的凝聚力。

## 企业愿景

阿里巴巴旨在构建未来的商务生态系统，愿景是让客户相会、工作和生活在阿里巴巴，并持续发展最少102年。

愿景一　相会在阿里巴巴

阿里巴巴每天促进数以百万计的商业和社交互动，包括用户和用户之间、消费者和商家之间以及企业和企业之间的互动

愿景二　工作在阿里巴巴

向客户提供商业基础设施和数据技术，让他们建立业务、创造价值，并与阿里巴巴的其他生态系统参与者共享成果

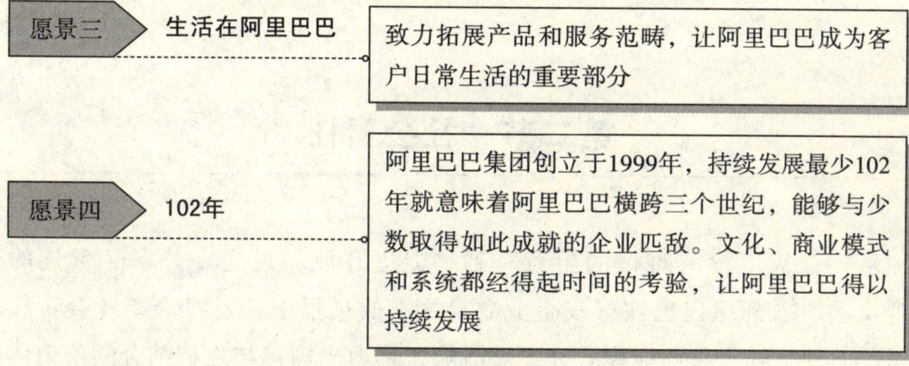


阿里巴巴愿景图

## 价值观

阿里巴巴集团的价值观包括六个方面，被称为“六脉神剑”，对于如何经营业务、招揽人才、考核员工以及决定员工报酬扮演着重要的角色，该价值观如下图所示。

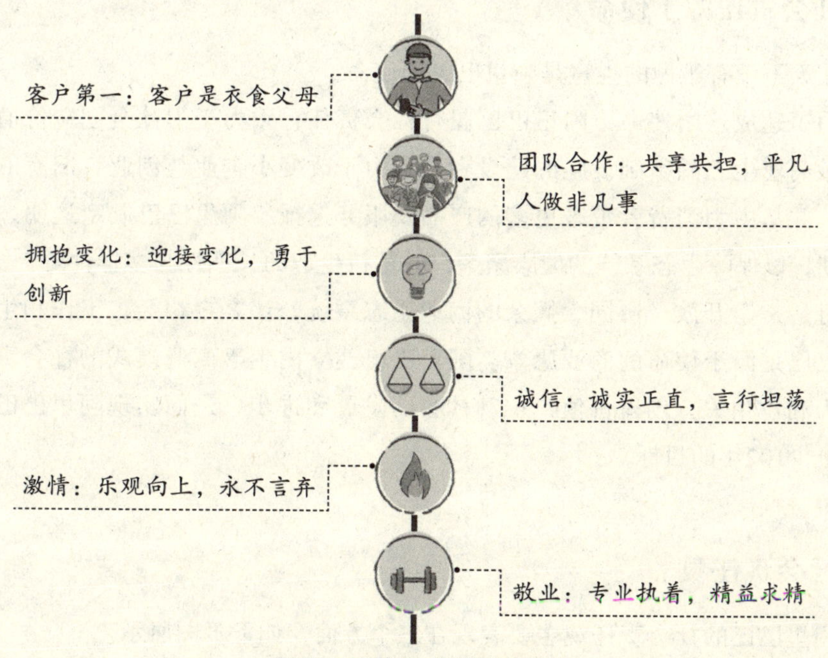


阿里巴巴集团的价值观图

# 第二节　社会责任

从“让天下没有难做的生意”到“促进开放、透明、分享、责任的新商业文明”，阿里巴巴在寻找企业立身之本的过程中，始终未离社会责任之“道”，并持续完善商业模式和发展战略，致力于构建与之相结合的价值体系和管理体系。

在秉承“企业社会责任应内生于商业模式”的理念，在积极参与社会公益的同时，不断探究并实践着社会责任、企业文化和商业模式的三者结合，把企业社会责任与企业发展战略融为一体，从而获得了推进社会责任工作的持久内在动力，为全社会创造共享价值。

## 社会责任源于使命

让天下没有难做的生意是阿里巴巴的使命。

为了达成这个使命，阿里巴巴履行社会责任，致力于为社会创造价值，致力于做商业生态圈基础设施的建设者，致力于改变小企业与创业者旧有的营商方式，并从中为消费者带来更多的产品及服务选择。阿里巴巴制定透明、公平的规则，以保障生态系统的健康繁荣，并维持生态的长期性与多样性。

打造一个开放、协同、繁荣的商业生态系统，让客户相会、工作和生活在阿里巴巴是源于使命的商业愿景。阿里巴巴建立内生于商业模式的社会责任，通过为利益相关方创造价值，推动社会的发展和进步，进而实现阿里巴巴持续发展最少102年的目标。

## 社会责任观

阿里巴巴的社会责任观主要表现在三个方面，如下页图所示。

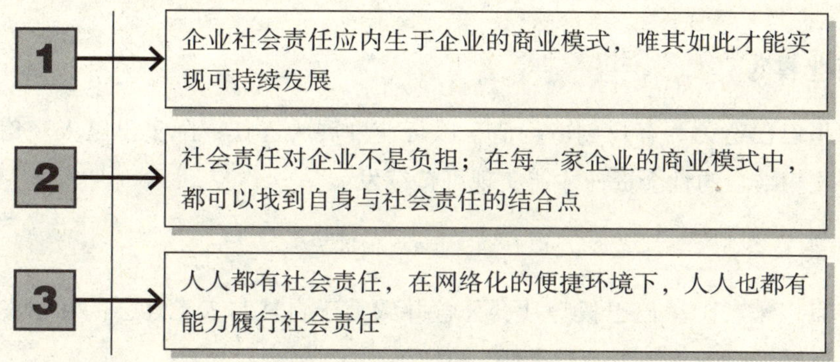


阿里巴巴的社会责任观图

## 社会责任体系

阿里巴巴的社会责任体系主要由三部分构成，如下图所示。

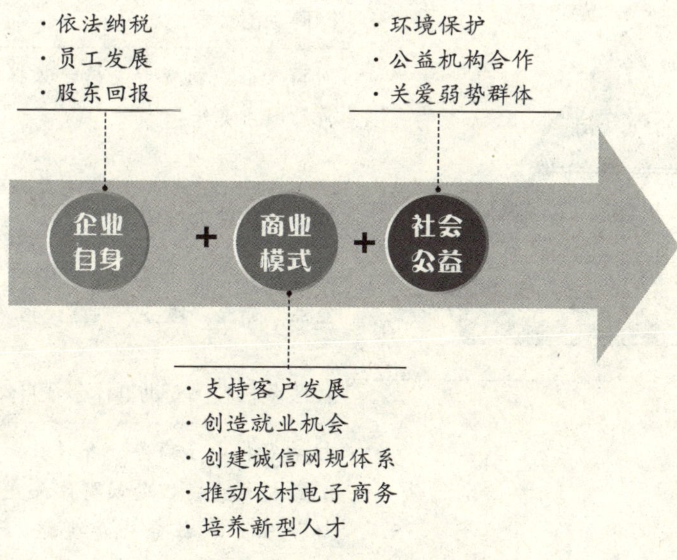


阿里巴巴的社会责任体系图

### 企业自身

作为社会的一分子，阿里巴巴积极进取、勇于创新、寻求健康可持续的自我发展。

**商业模式**

阿里巴巴努力为客户创造价值，以行业发展为己任；阿里巴巴人坚信，与商业模式相结合的社会责任才能实现可持续发展。

**社会公益**

一直以来，阿里巴巴投身社会公益并致力于自然与人类社会的和谐发展，期望透过网络平台传播关爱与责任。

## 社会责任

阿里巴巴的社会责任的履行体现在三个层次，如下图所示。

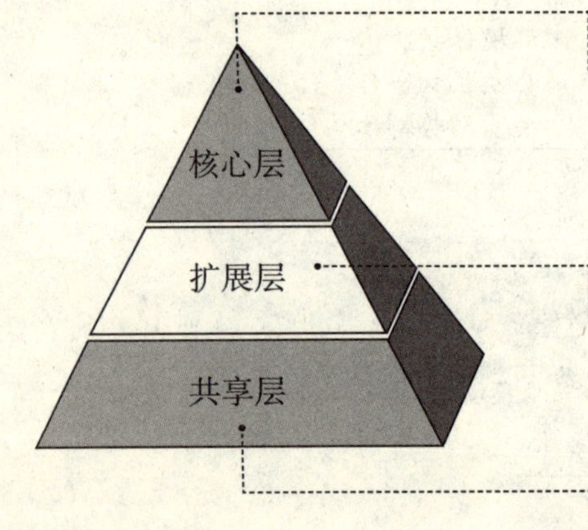


网商、消费者

网商发展、消费者支持、数据分享、带动网商责任

股东、伙伴、行业

股东回报、依法纳税、支持电子商务企业、新金融服务、创建诚信网规

社区乡村农民受助群体公众自然环境

推动农村电子商务、乡村农民帮扶、公益机构支持、受助群体关爱、自然环境保护、社会公众唤醒、社区发展、援助灾区建设、助力经济转型

阿里巴巴的社会责任的履行图

## 【拓展阅读】“淘工厂”——把生产商与卖家连接起来

### “淘工厂”——把生产商与卖家连接起来

淘工厂（tgc.1688.com）是把生产商与卖家“在线”连接起来搭建的加工定制平台。实质是将服装工厂的生产线、产能、档期搬到互联网上来，一方面解决电商卖家找工厂难、试单难、翻单难、新款开发难的问题；另一方面将线下工厂产能商品化，通过淘工厂平台推向广大的电商卖家从而帮助工厂获取订单，实现工厂电商化转型。

淘工厂四大特色如下图所示。

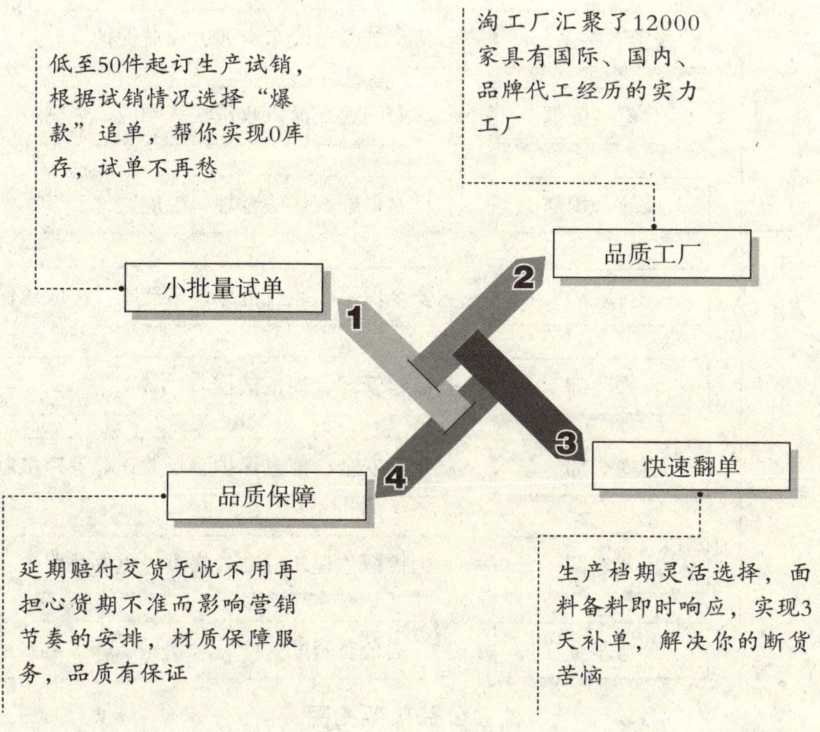


淘工厂四大特色图

## 社会公益部

为了保障阿里巴巴社会责任目标的实现，建立系统的社会责任工作体系，由集团社会公益部统筹管理，推动阿里巴巴的社会责任工作。

社会公益部架构如下图所示。

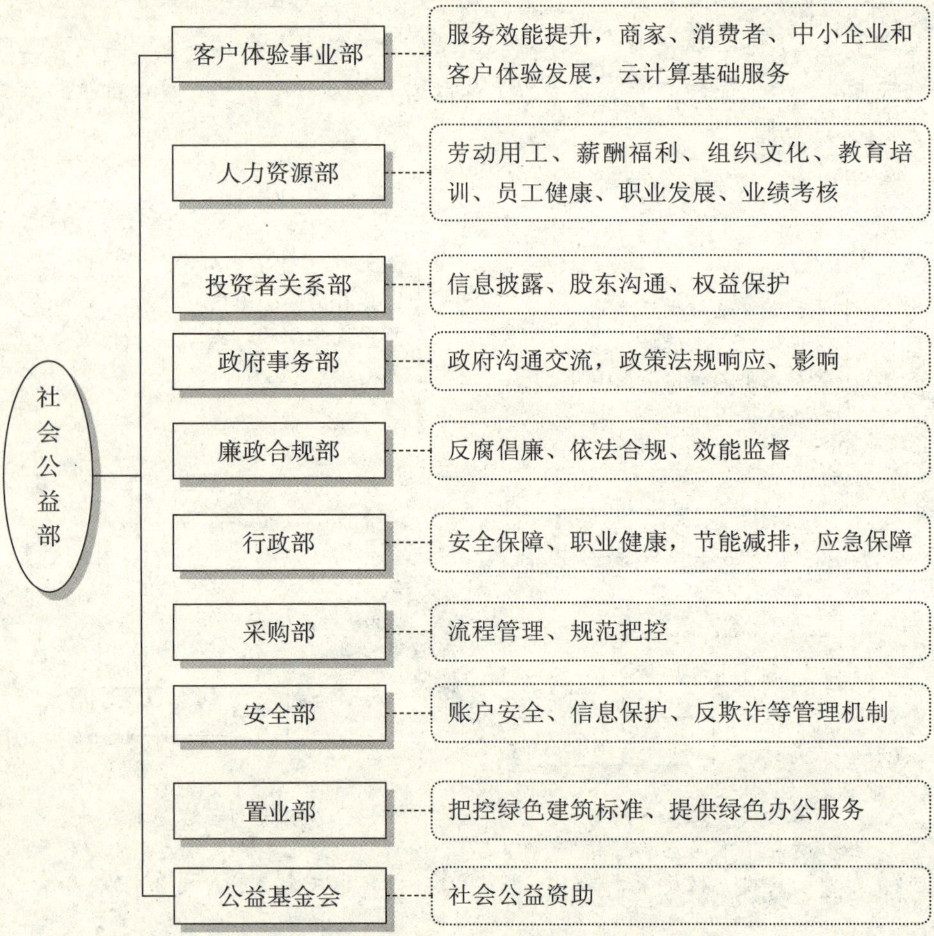

社会公益部

|  |  |
|---|---|
| 客户体验事业部 | 服务效能提升，商家、消费者、中小企业和客户体验发展，云计算基础服务 |
| 人力资源部 | 劳动用工、薪酬福利、组织文化、教育培训、员工健康、职业发展、业绩考核 |
| 投资者关系部 | 信息披露、股东沟通、权益保护 |
| 政府事务部 | 政府沟通交流，政策法规响应、影响 |
| 廉政合规部 | 反腐倡廉、依法合规、效能监督 |
| 行政部 | 安全保障、职业健康，节能减排，应急保障 |
| 采购部 | 流程管理、规范把控 |
| 安全部 | 账户安全、信息保护、反欺诈等管理机制 |
| 置业部 | 把控绿色建筑标准、提供绿色办公服务 |
| 公益基金会 | 社会公益资助 |

社会公益部架构图

## 阿里巴巴公益

阿里巴巴成立16年来，始终坚持“互联网+公益”的精神，践行社会责任的同时，鼓励更多的社会公众参与公益事业。从2010年起，阿里巴巴将集团年收入的0.3%拨作公益基金；2014年，阿里巴巴公益基金共捐赠8942万元用于救灾、环境保护、受助群体能力提升、行业发展等领域。

阿里巴巴公益模型如下图所示。

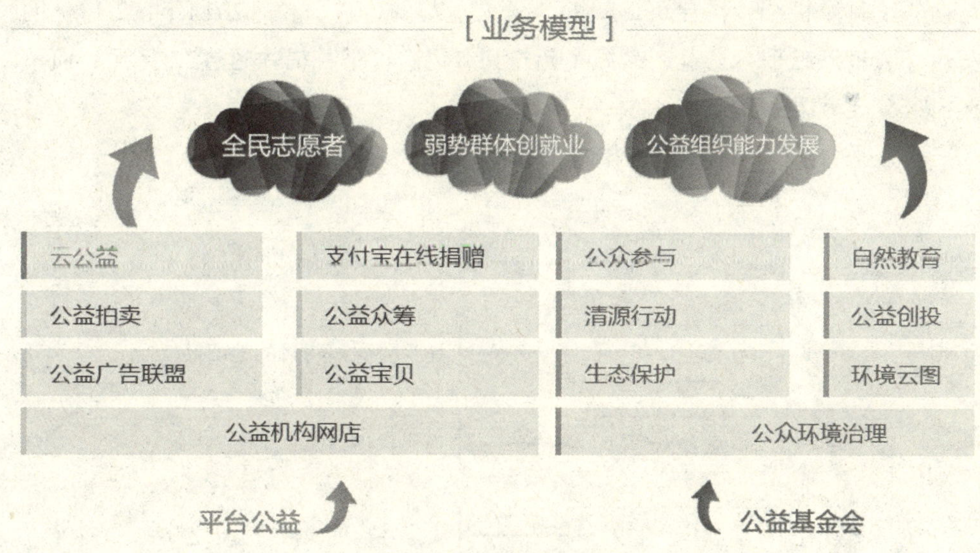


阿里巴巴公益模型图

## 公益管理

1. 阿里巴巴公益基金会

阿里巴巴公益基金会于2011年12月22日成立，原始基金为5000万元人民币。基金会的宗旨是营造公益氛围，发展公益事业，促进人与社会、人与自然的可持续发展，资助重点包括水环境保护、环境保护宣传以及支持环保类公益组织的发展。2014年，阿里巴巴公益基金会在水环境保护和唤醒公众环境保护意识及行动两个领域，共批准资助公益项目20个，资金37570414元。

2. 员工公益委员会

为了使公益行动更加专业，公益基金使用更加高效，阿里巴巴设立员工公益委员会——“公益合伙人”，决定公益基金的使用。2012—2014年，阿里巴巴公益委员会评审决策通过的基金会项目累计61个，资助金额总计65763900.70元。

### 平台公益

阿里巴巴基于自身的商业模式和业务专长，为平台使用者提供公益交流和互动的工具及机会，搭建可信赖的、人人参与的公益平台。2014年，2.13亿网友通过阿里巴巴平台公益产品做了超过11.1亿次善举，捐款超过2.8亿元，而单次捐赠额仅为两毛五分钱。

公益平台主要有以下几种模式，如下图所示。

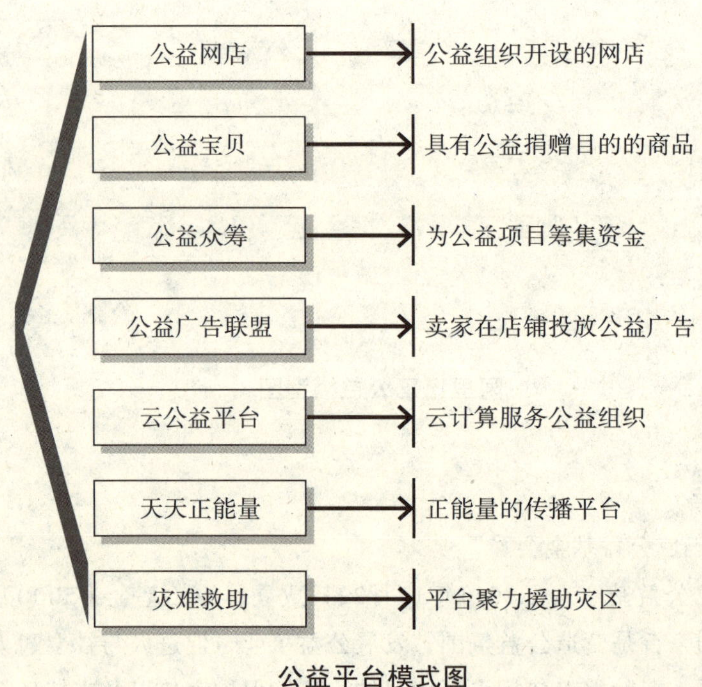


**公益平台模式图**

其中，云公益平台模式如下页图所示。

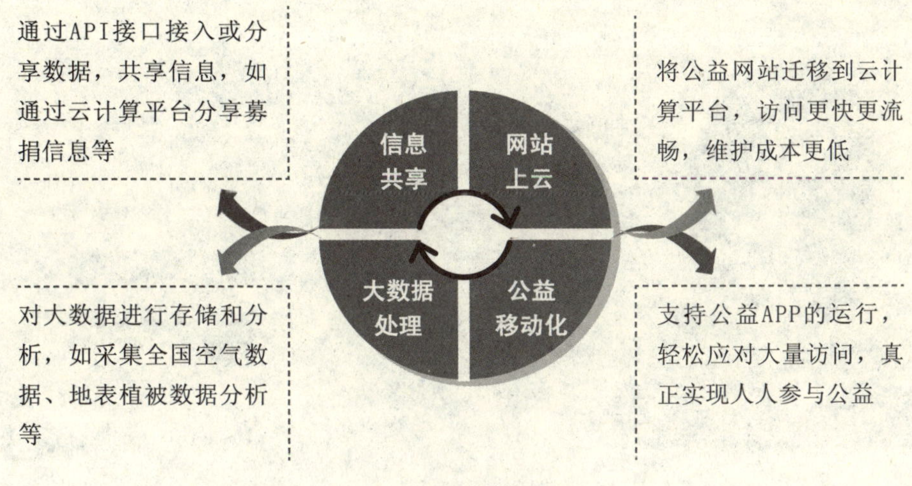


云公益平台模式图

## 【拓展阅读】“爱的分贝”众筹——周笔畅公益演唱会

### “爱的分贝”众筹——周笔畅公益演唱会

2015年1月24日，一场旨在关注听障儿童群体的周笔畅公益演唱会拉开序幕。作为“爱的分贝”志愿者，歌手周笔畅发起这场名为“Begins to love”的音乐会。

“爱的分贝”由数十位播音员、主持人联合发起，资助贫困听障儿童进行人工耳蜗手术、康复训练等，力争助其在最佳治疗期内，恢复听力。在和阿里巴巴商议后，他们决定为周笔畅众筹一场演唱会。从2014年12月9日演唱会开始筹划到正式开唱，短短的一个半月，吸引了6392人的参与支持，筹得1329200元善款，直接打破淘宝公益众筹的纪录。

“爱的分贝”活动网页截图

### 员工公益

阿里巴巴倡导员工参与公益。在阿里巴巴集团“百年系列”入职培训里，有一堂课叫做《百年责任》，旨在传递感恩敬畏的公益理念及介绍阿里集团的社会责任实践。课堂上，讲师会向每位新入职员工介绍阿里的社会责任观、公益实践以及如何成为有责任的个体。富含阿里巴巴味道的《百年责任》课程倡导社会责任理念与公益实践并行，从细微之处引导公益实践，让公益变成习惯。

### 全球公益

阿里巴巴全球梦想家旨在寻找隐藏在全球有梦想、正能量的年轻人，通过这个项目聚集在一起，用获得的知识和技能去实现梦想。

阿里巴巴梦想家计划始于2013年，约90人参加过该项目。这些梦想家来自中国、中国香港、美国、英国、加拿大、澳大利亚和新加坡等国家和地区。

### 公益创新

阿里巴巴积极推动商业、社会资源和公益的融合，推动更多的商业力量意识到解决社会问题带来的价值。我们不断探索更多公益创新的可能性，推出无声课堂、残疾人鉴黄师、天天特价公益专场、公益拍卖频道、弱势群体贷款优惠政策、聚划算公益营销等，让公益展现出更多的可能性。

## 【拓展阅读】 阿里巴巴公益启动第三届“年度公益记者”评选

### 阿里巴巴公益启动第三届“年度公益记者”评选

为表彰过去一年来不断传播社会正能量、积极推动社会公益事业发展的记者，2016年1月12日起，阿里巴巴公益“天天正能量”联合多家媒体发起第三届“年度公益记者”评选活动，信息时报公益事业部记者何蕊成为候选人之一。

据了解，此次“年度公益记者”评选活动由阿里巴巴公益“天天正能量”项目组携手全国近百家主流媒体共同发起，所有参评记者由媒体推荐产生，被推荐的记者须长期关注社会好人好事、采访报道正能量相关新闻。活动采用媒体评审团及网友投票方式，选出10名“年度最佳公益记者”及10名“年度优秀公益记者”。2016年1月12-18日中午12时，广大读者及网友可点击评选活动链接（略）为参评的记者点赞投票。

“天天正能量”是阿里巴巴公益联合《信息时报》及全国近百家主流媒体共同发起的以传播正能量为宗旨的大型公益项目，项目自2013年7月成立开始，已连续发起125期正能量常规评奖及300多次特别策划奖励，累计发放正能量奖金2000多万元，奖励人数1500余人。

# 参 考 文 献

[1] 徐雯. 2015阿里双11交易额912.17亿同比增长59.7%. 新浪财经，2015-11-12

[2] 陈健. 天猫双十一交易571亿元点亮全球217国家和地区. 环球网科技，2014-11-12

[3] 支付宝份额占比超七成移动支付竞争进入场景时代. i天下网商，2015-09-15

[4] 萧童. 润和软件携手阿里云加码金融信息化业务拓展. 中国证券网，2016-01-21

[5] 淘宝或将推出图形搜索店铺刷单能否得到根治. 鲸鱼宝，2016-01-27

[6] 支付宝2015年度账单刷屏：去年你的手剁了多少次？科技讯，2016-01-14

[7] 马承平. 余额宝用户量破2.6亿1年创收231亿元. 泡泡网，2016-01-26

[8] 曾响铃. 招财宝，余额宝后现寡头，谁更长袖善舞？搜狐网，2016-01-25

[9] 上方文. 阿里网商银行正式开业：最多贷款500万. 新浪科技，2015-06-25

[10] 110亿元大手笔：阿里和美的在一起了. 中新网，2015-04-04

[11] 穆兆曦. 阿里与新浪“P2P式联姻”. 创业邦

[12] 张笑，马建忠. 上汽阿里首款“网车”出自MG. 南方都市报，2015-03-13

[13] 支付宝春晚发红包2.2亿人民币79万用户瓜分. 阿思达克财经新闻，2016-02-11

[14] 崔江. 阿里口碑“复活”O2O巨头时代到来. 四川在线-华西都市报，2015-07-30

[15] 天弘基金大数据图说勾勒2.6亿用户画像80、90后. 南方网，2016-02-05

[16] 张利萍. 阿里公益启动第三届“年度公益记者”评选. 信息时报，2016-01-12